rausch in den Bars von Norfolk und Newport News. Ich war ein paarmal auf Botengängen unten im Maschinenraum gewesen, und vielleicht hatte er mich dort bemerkt, mich und wie überempfindlich ich auf diesen düsteren, klappernden, stinkenden Kellerraum reagierte, wo halbnackte Männer mit öligen Gesichtern drohend aus dem Schatten aufragten, brüllten und Schraubenschlüssel schwangen. Vielleicht hatte er meinen Widerwillen gespürt und als Beleidigung aufgefaßt. Vielleicht stieß ihn mein Aussehen ab, meine Sprechweise, mein gewohnheitsmäßiges Herumalbern und Schlaumeiern, als wären wir alle zum Spaß hier. Zugegeben, ich war reichlich aufgekratzt; wendig und flott, ohne Rücksicht darauf, daß für die meisten Männer dieser enge, unrühmliche Kahn das Ende der Fahnenstange war. Das konnte der Grund sein. Oder das Buch, in dem ich gerade las, die Fluchtmöglichkeit, die es mir bot, jetzt und in Zukunft. Oder es gab überhaupt keinen besonderen Grund für sein Gefühl mir gegenüber. Haß gedeiht hervorragend, auch ohne die Unterstützung eines Motivs.

Da ich nicht wußte, was ich von ihm halten sollte, hielt ich mich zurück. Ich lebte sowieso in einem Traum, wo ich als junger Melville und meine tristen Alkoholikerkameraden als kühne, tatkräftige Figuren mit interessanten Geschichten auftraten, die sie mir eines Tages enthüllen würden. Das meiste von dem, was ich vor Augen hatte, sah ich nicht wirklich, und dieser Mechaniker gehörte dazu.

Morgens war ich dem Reinigungstrupp zugeteilt, und nachmittags kratzte ich Farbe ab und erledigte Anstricharbeiten. Eines Tages saß ich gerade am Rumpf eines weißen Motorboots, das für Spritztouren des Kapitäns am Davit hing und als Rettungsboot herhalten sollte. Es war schwül. Die Sonne stach durch einen weißen, gleißenden

Dunst auf uns nieder. Ich kroch unter das Boot und tat so, als interessierte ich mich für den Zustand des Kiels. Dort unten im Schatten war es kühl. Ich lehnte mich zurück, den Kopf an einer der Schraubenschaufeln, und schloß die Augen.

Ich schlief eine Weile. Als ich erwachte, fühlte ich mich schwer und dumpf, konnte aber nicht weiterschlafen. In diesem benebelten Zustand hörte ich, wie jemand neben mir stehenblieb, dann zum Heck ging. Ich schlug die Augen auf und sah ein Paar Hosenbeine mit Schlag die Leiter hochsteigen. Über mir knarrten Planken. Mein Nickerchen war vorbei.

Ich setzte mich auf und schüttelte den Kopf, damit er wieder klar wurde, und so saß ich immer noch da, als hinter mir ein lautes Getöse losging. Ich drehte mich um und sah die Schraube, an der mein Kopf gerade noch gelehnt hatte, in einem silbernen Wirbel rotieren. Ich zischte unter dem Boot hervor, stand auf und schaute hoch zu dem Mechaniker, der mich vom Schandeck des Motorbootes aus beobachtete. Keiner von uns beiden sagte ein Wort. Ich wußte, daß ich ihn mir hätte vorknöpfen müssen, auch wenn das eine Tracht Prügel für mich bedeutete. Aber er war bereit, mich umzubringen. Das war ein neuer Gesichtspunkt, und ich zögerte, zögerte allzu lange. Ich stand da und ließ mich von ihm niederstarren, bis er beschloß, sich abzuwenden.

Ich wußte nicht, was ich machen sollte. Ich konnte ihm nichts beweisen, was eine Beschwerde beim Kapitän gestützt hätte. Wenn ich den Mechaniker beschuldigte, würde er sagen, es sei ein Versehen gewesen, und dann würde mich der Kapitän fragen, was zum Teufel ich überhaupt da unten gemacht hätte, den Kopf an der Schraube. Es war auch ziemlich dämlich. Das sagten meine Kameraden jedenfalls zu mir, die beiden, denen ich genug traute, um mit ihnen darüber zu sprechen. Aber sie glaubten mir, sagten sie und versprachen, ihn im Auge zu behalten. Das klang gut, zu Anfang. Dann begriff ich, daß es gar nichts bedeutete. Er würde den Ort und die Zeit wählen, nicht sie. Ich stand allein da.

Das Schiff legte ein paar Tage später an, um Vorrat für eine Fahrt zu den Azoren zu laden. Am Wochenende, bevor wir auslaufen sollten, fuhr ich mit einem anderen Matrosen nach Virginia Beach und fand mich Montag früh im Morgengrauen zusammengesackt an der Kaimauer wieder. Ich versuchte, mich aufzuraffen und die halbe Meile bis zu dem Motel zu laufen, wo mein Kamerad auf mich wartete. In einer Stunde ungefähr würde er sich auf den Rückweg nach Norfolk machen müssen, wenn er nicht riskieren wollte, daß das Schiff ohne ihn die Anker lichtete. Ich saß da im eisigen Wind, zitterte vor Kälte und Sonnenbrand, umschlang meine Knie und wartete auf den Sonnenaufgang. Alles war in unsympathisches Grau getaucht, nicht nur der Himmel, auch das Wasser und der Strand, wo die Möwen hin- und hertrippelten, die Köpfe unterm Gefieder. Am Horizont tauchte ein roter Lichtstreifen auf.

Da nahm nicht etwa ein Plan seinen Lauf. Ich hatte nie daran gedacht, mein Schiff zu versäumen, kein bißchen, keine Sekunde lang. Das sollte die erste Fahrt in ausländische Gewässer werden, seit ich an Bord war, und ich wollte hin. Auf den Azoren, so hatte ich in einem Buch gelesen, wurden immer noch Wale von offenen Booten aus harpuniert. Ich hatte schon fest beschlossen, bei so einer Waljagd mitzufahren, egal wie. All meine Schiffskameraden hatten diesen Floh im Ohr, sogar die alten Teerjacken, die es hätten besser wissen müssen. Wenn sie »Azoren« sagten, streichelten ihre Stimmen das Wort. Bei ihnen wirkte die alte Magie noch, sie hörten einen Namen wie *Recife*, *Dakar*, *Marseille* und waren plötzlich keine Galeerensträflinge mehr, sondern Abenteurer, auf die die Welt sehnsüchtig wartete.

Ich wollte mein Schiff nicht verpassen. Aber von wegen ferne Länder, offene See; das Schiff war mein Job, und ich hatte keine Aussicht auf einen anderen. Ich hatte nicht mal einen High-School-Abschluß. Die Prep School, in die ich mich hineingemogelt hatte, duldete meine miesen Noten und meine blauäugige Verachtung für ihre Regeln, bis mir in meinem Abschlußjahr, nachdem ich meine zweite, meine dritte und meine vierte Chance verspielt hatte, das Stipendium weggenommen und ich ins kalte Wasser gestoßen wurde, schwimm oder geh unter. Wie es aussah, ging ich unter.

Wohin sollte ich? Meine Mutter wohnte in einem kleinen Zimmer in Washington, D.C., wo sie tagsüber als Sekretärin und nachts als Kellnerin in einem Restaurant arbeitete. Sie hatte gerade erst angefangen, mich mit rührendem Eifer dafür zu respektieren, daß ich meinen Mann in der Welt stehen konnte. Mit ihrem unbelehrbaren Optimismus saugte sie Hoffnung aus jedem Fünkchen Ernst in meinem Charakter, jeder Möglichkeit, mich als ebenbürtig zu behandeln. Ich wollte mir ihr Gesicht gar nicht erst ausmalen, wenn ich mit irgendeiner albernen Geschichte bei ihr auftauchte, warum das Schiff ohne mich abgefahren war. Wohin dann? Mein Bruder Geoffrey und ich waren gute Freunde. Er hätte wohl nichts gegen einen Besuch gehabt, aber er war als Doktorand mit einem

Fulbright-Stipendium in England. Glück für ihn; Pech für mich. Auch mein Vater war just in diesem Moment nicht in der Lage, Gastgeber zu spielen; er saß in Kalifornien im Gefängnis, weil er gefälschte Schecks auf den Namen Sam Colt ausgestellt hatte.

Ich mußte mein Schiff kriegen. Aber ich blieb, wo ich war. Allmählich tauchten Leute mit Hunden am Strand auf. Ein paar Alte sammelten Treibholz. Als die letzte Chance vorbei war, meinen Schiffskameraden noch zu erwischen, rappelte ich mich mit steifen Gliedern auf und ging in die Stadt, wo ich ein Jumbofrühstück verschlang und nachdenklich das Rekrutierungsbüro der Army auf der anderen Straßenseite betrachtete.

Das war nicht neu, der Gedanke an die Army. Ich hatte immer gewußt, daß ich eines Tages die Uniform tragen würde. Das gehörte ganz wesentlich zu meiner Vorstellung von einem angesehenen Leben. Alle Männer, die ich in meiner Jugend respektierte, hatten gedient – Norman Mailer, Irwin Shaw, James Jones, Erich Maria Remarque und natürlich Hemingway, bei dem ich in allen Fragen Rat suchte. Der Militärdienst war kein zufälliges Kapitel ihrer Lebensgeschichte; diese Männer waren ohne ihn undenkbar. Ich wollte selbst Schriftsteller werden und hatte mich jedem, der es hören wollte, als solcher vorgestellt, seit ich sechzehn war. Es war lachhaft für einen Jungen meines Alters, sich aufgrund von zwei Erzählungen in einer Literaturzeitschrift der Schule Schriftsteller zu nennen, doch so unwahrscheinlich dieses Selbstbild auch war, es veränderte meinen Blick auf die Welt. Das Leben um mich herum nahm endlich Gestalt an, bedeutete etwas. Ich bestand nicht länger aus ohnmächtigen, verworrenen

Sehnsüchten, ich war ein Protagonist, der Held eines Romans, an dem ich endlos weiterschrieb, ausgehend von den Geschichten, die ich mir zusammenträumte und überall entdeckte. Das Problem war nur, ich fing an, auch dort Geschichten zu sehen, wo ich es nicht hätte tun sollen, wo nichts anderes als schlichtes Mitgefühl gefragt war. Ich verwandelte mich in einen Räuber, gierig vor allem nach Erfahrung. Ich machte einen Fetisch daraus, sammelte und katalogisierte sie. Darauf gründeten jene Schriftsteller ihre Autorität, zu denen ich gehören wollte, obwohl sie sich bescheiden den häßlichen Stiefgeschwistern der Erfahrung unterordneten: Ehrlichkeit, Wissen, menschlicher Sympathie, historischem Bewußtsein und, als häßlichster von allen, harter Arbeit. Diese Schriftsteller waren bloß höflich. Dabei war die Erfahrung der Klöppel in der Glokke, das Geld auf der Bank, und die bankfähigste Erfahrung von allen war der Militärdienst.

Ich hatte noch einen Grund, diesen Schritt in Erwägung zu ziehen. Ich wollte ehrbar sein, eines Tages meinen Platz unter den Ehrenmännern einnehmen. Zum Teil, weil ich Lust auf die Dinge hatte, derer sich die Ehrenmänner erfreuten, Dinge, mit denen selbst die beschränktesten meiner Klassenkameraden von der Prep School ganz selbstverständlich rechnen konnten. Doch das war nicht alles, nicht einmal das wichtigste. Die Laufbahn meines Vaters – sein unaufhaltsamer Absturz vom Star-Flugzeugkonstrukteur zum Wettbetrüger, Gauner und Häftling – widerte mich an. Da verstand ich keinen Spaß. Und bei all seiner bohemienhaften Pose kam ich nie auf die Idee, ihn als Helden oder Heiligen oder Herausforderer bürgerlicher Besitzstände zu sehen. Er hatte seinen guten Namen ruiniert, der zufällig auch mein Name war. Wenn mich jemand nach meinem Vater fragte, antwortete ich manchmal, er sei tot. Damit kam ich mir nicht mal richtig als Lügner vor. Entehrt und am Ende seiner Möglichkeiten zu sein – war das etwa Leben? Er entsetzte mich und erschreckte mich, weil ich in mir dieselben Eigenschaften erkannte, die ihn ins Unglück gestürzt hatten.

Das letzte Mal hatte ich im Sommer meines fünfzehnten Lebensjahres bei meinem Vater gewohnt, bevor ich in meine Schule an der Ostküste zurückkehrte. Eines Abends, bei einem Spaziergang, blieben wir stehen, um bei einem Gebrauchtwagenverkäufer einen Sportwagen zu bestaunen. Mein Vater griff hinein, als wäre das sein unumschränktes Recht, öffnete die Kühlerhaube und fing an, mir den Motor zu erklären, der dem Abarth-Allemagne ähnelte, den er damals fuhr (unbezahlt, bis in alle Ewigkeit). Beim Sprechen nahm er ein Messer aus der Tasche und schnitt die Benzinleitung auf beiden Seiten des Filters ab, schüttelte sie aus und schlug sie in ein Taschentuch ein. Dabei redete er die ganze Zeit weiter. Das war genau die Sorte Aktion, die ich selber gemacht hätte, aber ich fand es gräßlich, ihn dabei zu sehen, genauso, wie ich es gräßlich fand, wenn er über seine Vergangenheit log und Ladeninhaber prellte und seine Freunde ausnutzte. Er war so furchtbar verkorkst, ganz genau wie ich, aber nach diesem Sommer versuchte ich mich zu ändern. Ich wollte nicht wie er sein. Ich wollte ein ehrbarer Mann sein.

Ehre. Schon das Wort klang kriegerisch. Mein Vater hatte nie gedient, obwohl er das manchmal behauptete. Diese Lücke in seiner Geschichte machte sein Schicksal irgendwie plausibel und bot mir die Möglichkeit, ihm zu entgehen. Das war der Weg, das unbestreitbare Zertifikat der Bürgerlichkeit und Redlichkeit.

Doch an diesem Morgen meldete ich mich noch nicht als Freiwilliger. Statt dessen fuhr ich nach Washington, um meiner Mutter Lebewohl zu sagen und mich von ihr überreden zu lassen, es noch mal mit der Schule zu versuchen, was zu solch niederschmetternden Ergebnissen führte, daß sie mich persönlich zum Rekrutierungsbüro begleitete.

Ich habe es nie bis auf die Azoren geschafft, und selbst heute weckt der Name noch ein schwaches Gefühl von Sehnsucht und Bedauern in mir. Doch ich tat recht daran, an jenem Morgen nicht aufs Schiff zurückzukehren. So viele Dinge können auf See passieren. Du kannst nachts über Bord gehen. Etwas Schweres kann auf dich fallen, oder etwas Scharfes. Du kannst dir deine Hutgröße durch eine Schraube verkleinern lassen. Ein Schiff ist immer ein gefährlicher Ort; aber wenn einer deiner Schiffskameraden dir übelwill, dann wird dieses Übel ganz gewiß über dich kommen. In dieser Hinsicht gleicht ein Schiff einem Drahtseilakt oder einer Familie oder einer Kompanie Soldaten.

Meine Grundausbildung absolvierte ich in Fort Jackson in South Carolina, während einer Hitzewelle – »die schlimmste seit Beginn der Temperaturmessung«, sagten wir einander immer wieder, ohne das mit etwas anderem belegen zu können als unserer Ansicht, daß es verdammt noch mal eine Affenhitze war. Und das war es auch. Der Asphalt auf den Straßen schmolz, saugte an unseren Stiefeln, brannte uns mit beißenden Dämpfen in den Augen und Kehlen. Schweiß glänzte auf allen Gesichtern. Wenn sie uns in Nissenhütten versammelten, um uns Vorträge über »Homosesslität« und »Drogensutt« zu halten, wurde der Geruch so heftig, daß er einen umwerfen konnte, und er warf nicht wenige um. Ohnmachten wurden so häufig unter uns, daß wir Punkte für den dramatischsten Sturz verteilten. Großer Sieger war ein Junge aus Puerto Rico, der beim Marschieren in voller Feldausrüstung an einem steilen Abhang hintüberkippte. Wir hörten ihn nach unten scheppern.

Die Drillsergeants taten so, als merkten sie nicht, in welchem Tempo wir einer nach dem anderen umkippten. Sie ließen durchblicken, daß es unsoldatisch sei, die Temperatur zur Kenntnis zu nehmen. Als ein Rekrut in einer anderen Kompanie am Hitzschlag starb, ließ unser Kompaniechef uns antreten und befahl uns, auch ja unsere täglichen Salztabletten nicht zu vergessen. Nachdem er seine Rede gehalten und wieder ins Ordonnanzbüro zurückgekehrt war, fragte unser Drillsergeant: »Also, ihr Flachpfeifen, warum ist der Rotarsch abgekratzt?«

Wir hatten die Antwort parat. »Weil er eine Pussi war, Sergeant.«

Die meisten von uns hatten sich freiwillig gemeldet. Eine Menge der Männer bedauerte die spontane Entscheidung, die sie nach Fort Jackson gebracht hatte, und wir alle jammerten unablässig, aber ich hörte von keinem, der seinem Kongreßabgeordneten geschrieben hätte, um sich zu beschweren, wie wir hier behandelt wurden, denn die Behandlung entsprach so ziemlich dem, was ein Junge, der mit Kriegsfilmen aufgewachsen war, auch erwartet hätte, sie war eher etwas besser. Die Drillsergeants triezten uns mächtig, aber sie erschienen nicht betrunken um Mitternacht, um uns in irgendwelche Sümpfe zu führen und ersaufen zu lassen. Die Ausbildung schien einen Sinn zu haben, jedenfalls meistens. Das Essen war anständig. Und es gab auch Erfreuliches.

Erfreulich für mich war zum Beispiel, zu erfahren, daß ich ausdauernd und geschickt war. Ich hatte in der Schule Mannschaftssport gemacht, verbissen, aber nie besonders gut. Die Militärausbildung bekam mir. Mein Körper war geeignet dafür – dünn und drahtig. Typen, die mich auf dem Footballfeld fertiggemacht hätten, waren noch bei ihrem dritten Liegestütz, wenn ich schon den zehnten hinter mir hatte. Dieselben Brecher hatten Probleme beim Laufen und litten melodramatisch am Reck, wo wir vor jeder Mahlzeit Klimmzüge machen mußten. Ihre fleischigen Körper, allesamt aufgepumpt, um zu schubsen und zu walzen, schaukelten wie Kadaver unter ihren weißknöcheligen Händen. Ihre Hälse liefen rot an, ihre Arme zitterten, sie grunzten erbärmlich, während sie versuchten, ihr Kinn bis zur Stange hochzuhieven. Ein- oder zweimal schafften sie es, sich emporzuziehen, dann hingen sie einfach nur da, schwitzten und fluchten. Ab und zu zappelten sie noch schwach. Ihre Hosen rutschten runter und entblößten picklige weiße Hinterteile. Wir anderen, die wir unsere Klimmzüge schon absolviert hatten, versammelten uns zum Zuschauen rundherum, unter dem Vorwand, sie anzufeuern (»Na los, Nilpferd! Du schaffst es! Noch einen, Nilpferd! Noch einen für die Kompanie!«), in Wahrheit aber, um uns an ihrem Elend zu ergötzen und vielleicht darüber nachzudenken, so wie ich es tat, daß das Rad des Schicksals manchmal auch Gerechtigkeit walten ließ.

Die langen Tage schwächten mich nicht etwa, ich spürte, wie ich an Kraft gewann. Zum Teil, weil ich Schwäche verachtete. Bisher hatten mir andere, die es schwer hatten, sich durchzusetzen, immer leid getan. Doch hier war ein weiches Herz ein untragbarer Luxus: Die Lektion hatte ich im Nu gelernt.

Wir hatten einen Jungen namens Sands in unserer Gruppe, einen von mehreren Rekruten aus den ländlichen Gegenden Georgias. Er wirkte wach und bestimmt, und das kam ihm ein paar Wochen lang zugute, aber es reichte nicht zum Durchkommen. Irgendwie schleppte er sich immer hinterher. Der letzte beim Aufstehen. Der letzte beim Antreten. Der letzte beim Essen. Unser Drillsergeant kam aus Brooklyn, und er knöpfte sich diesen Angeber, der seine Armee nicht ernst nahm, ordentlich vor.

Sands schien das egal zu sein. Er blieb selbst dann freundlich und gut gelaunt, wenn er angegriffen wurde, was ich für Mumm hielt. Ich mochte ihn und versuchte, ihm zu helfen. Ein paarmal, wenn er beim Laufen aus dem Tritt kam, blieb ich mit ihm zurück, trug sein Gewehr ein Stück und trieb ihn an. Aber mir wurde bald klar, daß er gar nicht richtig versuchte, durchzuhalten. Wenn einer auf dem letzten Loch pfeift, hört man das an der reißenden Heiserkeit jedes Atemzugs. Man sieht es in seinen rollenden Augen, an seinen krampfartig zuckenden Händen, an der Art, wie er sich immer weiterschleppt, nach vorn fällt und seine Füße doch noch schnell unter den Körper zieht. Sands grinste mich nur an und wiegte scherzhaft den Kopf: »Gottchen, Luise, wo brennt's denn?« Dem tat nichts weh. Er ließ sich treiben. Es überraschte mich, daß Sands tatsächlich jemand anders seine Last tragen ließ, noch bevor er selber nicht mehr konnte.

Er war nicht der einzige. Ich lernte, die Sorte zu erkennen und mich von ihnen fernzuhalten, und schließlich maß ich meine Fortschritte an ihren Demütigungen. An diese Art der Befriedigung mußte ich mich erst gewöhnen, ich hatte ein weiches Herz. Es widersprach meinem Wertesystem – oder dem, was ich dafür gehalten hatte. Jeder

Mensch ist dein Bruder: so der Grundgedanke, falls man das einen Gedanken nennen kann. Es war eher eine Haltung, die ich mir abgeguckt hatte, ohne darum zu kämpfen oder mich dafür zu entscheiden, aus den Filmen, die ich gesehen, den Büchern, die ich gelesen hatte. Ich hatte nichts dafür bezahlt und kannte ihren Preis nicht.

Er war zu hoch. Wenn wirklich jeder Mensch mein Bruder war, dann mußten wir unser Fest der Liebe erst mal verschieben. Ich gab diese Haltung auf, und die Härte, die an ihre Stelle trat, verlieh mir eine gewisse Macht. Ich wurde anerkannt als jemand, der »Führungsqualitäten« hatte – Arroganz, eine aufrechte Haltung, eine laute, bellende Stimme. Ich erhielt eine Armbinde mit Sergeantstreifen und die Verantwortung für die anderen Rekruten in meinem Zug. Ich kam mir vor wie ein Kapo.

Ich fing an zu glauben, mir müßte alles gelingen. Am Ende der Zeit in Fort Jackson meldete ich mich freiwillig zur Luftwaffe. Ich wurde zum Funker ausgebildet, dann wurde ich zum Fallschirmspringer-Training nach Fort Benning, Georgia, geschickt. Am Tag meiner Ankunft mußte meine Kompanie bei eisigem Regen auf den Paradeplatz marschieren, exerzieren und den ganzen Abend lang Liegestütze machen, bis wir voll Schlamm waren und kaum noch stehen konnten. Dann wurden wir nach drinnen geschickt, mit dem Befehl, in dreißig Minuten fertig zum Appell zu sein. Wir fanden, das wären wir, aber sie waren anderer Meinung, Sie warfen unsere Feldkisten auf den Boden, rissen unsere Spinde um, zerfledderten unsere Betten und scheuchten uns wieder nach draußen, zu einem weiteren Lehrgang in Sachen Motivation. So ging es die ganze Nacht. Gegen Morgen, als ich mich naß, dreckig und schwach auf den Beinen hielt, während zwei Drillsergeants mich abwechselnd anschrien, ließ ich den Blick durch die Halle mit den verdrießlichen Männern schweifen, die angetreten waren, um sich ihre Portion schlechte Behandlung abzuholen, und stieß in einem lehmverkrusteten Gesicht auf ein plötzliches, irres Aufblitzen von zwei Zahnreihen. Der Typ *grinste*. Er grinste *mich* an. Wie ein Komplize, als kenne er mich, als hätte er mich immer gekannt und wüßte genau, welchen Schalter er betätigen mußte, damit mir das schlimmste Pech, die übelsten Demütigungen und Aussichten wie eine Mordsgaudi erschienen. Zum Beispiel diese endlose Nacht, diese wahnsinnige, gruselige Szene. Wunderbar! Toll! Ich grinste zurück. Wir waren Freunde, noch bevor wir unsere Namen kannten.

Er hieß Hugh Pierce und stammte aus Philadelphia. Wie sich herausstellte, waren wir auf konkurrierende Prep Schools gegangen. Der Weg von einem solchen Leben bis hierher war an sich schon seltsam genug, aber ich dachte nicht sehr lange über diesen Zufall nach. Wir redeten fast nie über unsere Vergangenheit. Es ging nicht darum, was uns bis jetzt widerfahren war. Wir hatten uns zur Army gemeldet, um eine Vergangenheit zu bekommen.

Drei Wochen lang hetzten die Drillsergeants uns wie die Wölfe, achteten wachsam auf jedes Zeichen von Schwäche. Es gab die ersten Ausfälle. Hugh war begeistert. Je irrwitziger wir schikaniert wurden, desto größer seine Wonne. Er konnte sein ausgeflipptes Grinsen nicht lassen, wippte auf den Fußballen in Erwartung der nächsten Absurdität. Immer wenn die Drillsergeants ihn beim Lächeln erwischten, fielen sie über ihn her, schrien ihm die übelsten Drohungen direkt ins Gesicht, ließen ihn Liegestütze machen, während sie auf seinem Rücken saßen. Den konnte nichts erschüttern. Sein Vergnügen am Lächerlichen hatte etwas beinahe Pathologisches an sich. Und sie kriegten ihn nicht klein, dafür war er zu stark – unglaublich stark und ruhelos in seiner Stärke. Anders als ich half Hugh denjenigen, die bei unseren Läufen zurückblieben; aus Gewohnheit, vor allem aus Großzügigkeit, aber auch, weil für ihn jede Anstrengung gleichbedeutend mit Freude war. Er machte es sich gern noch schwerer, schob die Grenzen immer weiter hinaus. Abends, wenn der letzte Drillsergeant den letzten Liegestütz verlangt und die letzte Beleidigung gebrüllt hatte, fielen wir auf unsere Betten und klopften Sprüche, bis uns der Schlaf übermannte. Für mich war das alles langsam nicht mehr witzig. Inzwischen versuchte ich nur noch mitzuhalten.

In der letzten Woche sprangen wir. Jeden Tag Fallschirmspringen. Jeden Morgen warteten wir stundenlang auf der Rollbahn, auf der Stelle laufen, Liegestütze und Appell, während die Drillsergeants jede Möglichkeit durchgingen, wie wir draufgehen konnten. Sie hielten sich ausführlich und liebevoll bei jedem Detail auf, wenn sie beschrieben, welche Folgen es für unsere zarten Körper haben konnte, wenn wir uns auch nur das kleinste Versehen, den kleinsten Fehler leisteten. Wollte es sich irgend jemand noch mal überlegen? Bitte: nur einen Schritt beiseite. Jedesmal gab es welche. Dann gingen wir an Bord, sahen uns im Flugzeug über den Gang hinweg an, bis das grüne Licht aufleuchtete und der Absetzer den Befehl gab, aufzustehen und unsere Reißleinen festzuhaken. Um uns für den Sprung in die Tiefe in Stimmung zu bringen, sangen wir »My Girl« im Falsett und tanzten den Stroll, schaukelten in den Schultern und Hüften, wedelten weibisch mit den Handgelenken, wenn wir am Frachtraum vorbei bis zu offenen Luke des Flugzeugs mußten. Wir flogen mit C-130-Turbo-

Er sah mich an. »Toby?«

Ich streckte meine Hand aus. Er stand da, dann nahm er sie, beugte sich vor und küßte mich ungeschickt auf die Lippen.

Der Ladenbesitzer stellte meinen Seesack auf den Bürgersteig. »Sagen Sie Bescheid, wenn Sie irgendwas brauchen«, meinte er zu mir. Dann, traurig: »Wie geht es, Arthur?«

»Spitze, Peter. Alles in Butter.« Wir sahen dem Wagen nach, und mein Vater fragte mich, wieso ich denn mit »dem melancholischen Dänen« angekommen sei. Ich fing an zu erzählen, aber kaum war ich beim Thema der unbezahlten Rechnung, schüttelte er den Kopf und gab mir zu verstehen, daß er genug gehört hatte.

Es war ein schlechter Anfang, und wir kamen nur mit Mühe in Gang. Mein Vater schwankte ständig hin und her, mal knuffte er mich am Arm und nannte mich Buster und Chum und alle Kosenamen meiner Kindheit, dann ging er wieder mit verwirrter, wachsamer Miene auf Abstand. Er wußte nicht, was er mit mir anfangen sollte. Natürlich war ich ein Esel gewesen, ihn so zu überrumpeln, aber es ging viel tiefer. Es hatte mit unserer gesamten Geschichte zu tun. Er fragte sich bestimmt, wie die Dinge jetzt zwischen uns standen, was ich ihm verziehen hatte, was ich ihm vorhielt, was ich mir selbst vorhielt. Auch ich hatte Fragen an ihn. Die Atmosphäre zwischen uns war schwer davon.

Nachdem ich mich umgezogen und ein Sandwich gegessen hatte, flüchteten wir aus der Wohnung und gingen die Promenade oberhalb des Strandes entlang. Das Nachmittagslicht glitzerte auf dem Wasser. Mein Vater sah, wie ich blinzelte, und zog eine Sonnenbrille aus der Tasche. »Na los«, sagte er, als ich ablehnen wollte.

»Und du?«

»Ich bin dran gewöhnt.«

Es war eine Fliegerbrille, waschecht, viel besser als das Modell, das ich in der Wohnung liegengelassen hatte. Er ließ sie mich anprobieren, dann wieder absetzen, damit er sie etwas verstellen konnte, dann wieder aufsetzen. »Perfekt«, sagte er, »w-wie für dich gemacht. Behalt sie.«

»Das kann ich doch nicht.«

»Sie gehört dir. Ende der Diskussion.«

Ich war vernünftig genug, nicht weiter zu widersprechen, und danach schien er sich etwas mehr darüber zu freuen, daß wir zusammen waren. Wir liefen und redeten, bis ihm die Puste ausging und er sich auf eine Bank setzte, die Hände auf den Knien, und er entsprach bis aufs I-Tüpfelchen den alten jüdischen Männern, die ich als Kind immer auf den Bänken in Sarasota gesehen hatte. Fleischig, kahl, traurige Augen, Härchen, die aus den Ohren sprossen. Es hätte mich eigentlich kaum überraschen dürfen – er war genau das, ein alter jüdischer Mann, ob er es nun zugab oder nicht –, aber ich war nicht darauf vorbereitet, ihn in diesem Licht zu sehen. Nicht meinen Vater, dessen körperliche Präsenz einen Raum ausfüllen konnte, dessen tiefe Stimme und gebieterisches Auftreten schon den fabelhaftesten Versprechungen und Behauptungen Nachdruck verliehen hatten. Ich habe ihn keine Sekunde seines Lebens Sport treiben sehen, doch das einzige Mal, als er mich richtig schlug – das hatte ich aber auch herausgefordert –, krachte mein Kopf so heftig zurück, daß er schockierter darüber war als ich und in Tränen ausbrach. Selbst als ich ihn liebte, selbst als ich ihn verachtete, immer hatte eine gewisse Furcht mitgeschwungen. Mehr nicht. Daß er schwächer wurde, nahm mir mein unbehagliches Gefühl. Ich wartete, bis er wieder beieinander war, und ließ ihn auf dem Heimweg das Schrittempo bestimmen.

Als wir zurückkehrten, genehmigten wir uns ein paar Drinks. Die Wohnung war klein, aber er hatte es fertiggebracht, sie bequem und sogar mit einem gewissen Stil zu möblieren. Ich bemerkte unweigerlich den Farbfernseher, genau wie mir vorher seine Armbanduhr aufgefallen war – ein Heuer-Chronometer, der bestimmt ein paar hundert Dollar wert war. Es gab noch weitere Wertgegenstände, mehr als durch das Sozialamt und Geoffreys Schecks allein zu finanzieren waren, aber ich behielt meine Fragen für mich. Wir spülten einen Berg Geschirr und hörten Art Tatum und wurden ziemlich ausgelassen, worauf ich vorschlug, zum Abendessen auszugehen, auf meine Rechnung. Er wußte gleich genau den richtigen Ort. Wir machten uns landfein und fuhren in seinem 53er Cadillac hin, den er, wie er sich zu versichern beeilte, für einen Appel und ein Ei bekommen hatte.

Die Bar des Restaurants war kühl und dunkel. Dort legten wir einen Zwischenstopp ein, bevor wir mit frischen Gläsern an unseren Tisch gingen. Bis unser Fleisch kam, dicke blutige Steaks auf Holzplatten, waren wir schon ziemlich abgefüllt, was mich nicht daran hinderte, unter der erfahrenen Mitwirkung meines Vaters – »Och, ein Gläschen würde ich wohl noch schaffen« – eine Flasche Roten zu bestellen.

Das Gläschen schaffte er allerdings. Und ich nicht minder. Wir waren erhitzt, nicht so sehr von dem Wein als vielmehr von dem langen, gewundenen Weg, den wir zurückgelegt hatten, um dieses Gläschen gemeinsam zu trinken.

Mein Vater begann, ein bißchen anzugeben. Er fing ein Geplänkel mit dem Kellner an, schickte beste Grüße in die Küche. Er plauderte mit den Nebentischen (»Mein Junge ist für einen Tag hier, um nach seinem alten Papi zu schauen, ob er sich auch anständig die Nase geputzt hat ...«). Je später der Abend, desto tiefer wurde seine Stimme, und seine Formulierungen und die Intonation erschienen mir immer weltgewandter. Er setzte sich gerader hin, drückte seine breiten Schultern durch, lachte tief in der Brust, als ihm alte Geschichten und alte Namen einfielen. Kein Wort über das Ziel meiner Reise. Ich bemerkte den perfekten Fall seines Leinenjacketts und wie sein goldener Siegelring im Kerzenlicht aufblitzte. Ich begriff, daß das Vergnügen befreiend auf ihn wirkte und seine aristokratische Autorität wiederherstellte. Diesen Augenblick wählte ich, um ihn zu fragen, ob es stimme, daß seine Eltern Juden seien.

Er wurde still, das Licht in seinen Augen erlosch. »Nein«, sagte er, »natürlich nicht. Wieso?«

»Ich bin einfach bloß neugierig. Sie sind ja schließlich auch meine Familie, ich weiß gar nichts von ihnen.«

»Episkopalen.«

»Ehrlich? Auf beiden Seiten?«

»Auf beiden Seiten.«

»Was ist mit deiner Mutter? War ihr Mädchenname nicht Krotoshiner? Ist das nicht ein jüdischer Name?«

»Ein deutscher.«

»Und Wolff?«

»Deutsch. Ostpreußisch, wenn du es genau wissen willst.« Er schaute sich um, als wollte er gleich die Rechnung bestellen.

»Aber – verbessere mich, wenn ich mich irre – war

deine Mutter nicht in dieser Wohltätigkeitsorganisation, Hadassah?«

»Himmel, Junge, ich weiß es nicht. Sie ging zu j-jeder verfluchten Wohlfahrtsveranstaltung in Hartford, vielleicht auch zu denen. Klar! Warum nicht.«

In dieser gespielt unschuldigen Art blieb ich hartnäckig, als ginge es mir nur darum, ein paar kleinere Verwechslungen meinerseits aufzuklären, bis er die Geduld verlor.

»Meine Güte«, sagte er, »was willst du eigentlich?«

Ich konnte ihm keine Antwort geben. Ich wußte nicht, was ich wollte. Er stand auf und ging nach draußen, während ich die Rechnung bezahlte. Ich dachte, er hätte mich auch gut da sitzenlassen können, doch er wartete im Auto, starrte finster geradeaus.

Auf der Heimfahrt sprachen wir nur einmal miteinander, nämlich als er ein Stoppschild überfuhr. Ich wies ihn darauf hin. Ohne mich anzuschauen, sagte er: »Hab doch am letzten gehalten.«

Die Couch war ausziehbar. Schweigend machten wir das Bett, dann fragte er, ob ich noch irgend etwas brauchte.

»Noch einen Drink zum Einschlafen?«

Erst zierte er sich etwas, aber schließlich schüttete er zwei Drinks ein und legte eine Platte auf.

»Hey, das ist klasse«, sagte ich. »Wer ist das?«

Er sagte es mir, und dann sagte er mir, wer die Mitspieler waren, wann es aufgenommen worden war und warum man diese Platte heutzutage nur noch schwer finden konnte. Dann spielte er mir ein paar andere Raritäten vor. Er hörte genauso zu wie Geoffrey, machte Rhythmusgeräusche, lehnte sich plötzlich mit verengten Augen nach vorne, wenn einer der Spieler ein glänzendes Solo begann, forderte mich auf, mit zuzuhören. Als er sah, daß ich mit dem

Schlaf kämpfte, räumte er die Gläser weg und schaltete die Anlage ab. Schwankend vor Alkohol und Müdigkeit stand ich auf. »Gute Nacht«, sagte ich.

»Mußt du bestimmt morgen wieder los?«

»Fürchte ja.«

»Tja, Junge ...« Er legte die Arme um mich, und ich lehnte mich an ihn. Was für eine Erleichterung, nicht mehr in sein Gesicht sehen zu müssen, in seine furchtbare Traurigkeit. Wir sagten kein Wort. Ich weiß nicht, wie lange wir so standen, aber irgendwann fand ich es eine sehr lange Zeit. Da straffte ich mich, und er ließ los.

Beim Ersatztruppenteil von Oakland traf ich einen Bekannten aus Fort Bragg wieder, einen jungen Lieutenant aus der 82. Luftlandedivision, Stu Hoffman. Er war sommersprossig, mager und zergrübelt. Keine Führungsqualitäten. Ein noch unwahrscheinlicherer Offizier als ich. Wir waren nicht befreundet, aber wir liefen uns öfter im Offiziersclub über den Weg und redeten vom Schreiben. Er hatte selber Ambitionen in dieser Richtung. Ich nahm sie nicht besonders ernst, weil er ganz verrückt nach Thomas Wolfe war, und ich sah auf Wolfe ebenso wie auf seine Bewunderer herab, ungeachtet der Tatsache, daß ich ihn selbst noch vor kurzem bewundert hatte. Stu wiederum begriff nicht, warum ich Hemingway verehrte. Hemingway, sagte er, liebte die Worte nicht, und wer Schriftsteller sein wolle, müsse die Worte lieben.

Wir waren für denselben Flug nach Vietnam eingeteilt. Sie hatten uns zwei volle Tage in Oakland gegeben, um den Papierkram für die Abreise zu erledigen, aber so viel war es gar nicht, und am Nachmittag des ersten Tages hatten wir schon frei. Wir zogen unsere Zivilkluft an und nahmen ein Taxi nach San Francisco, ins Haight-Ashbury-Viertel, mal sehen, ob wir ein paar Hippies auf LSD fanden. Vielleicht gab es ja ein Happening oder ein Be-In. So planten wir den Ausflug, pumpten die ganze Sache so richtig auf, hey wow, eine Karikatur der Erwartungen von zwei Landeiern, die sich ihr Weltbild aus dem Käseblatt von Des Moines, Iowa, holten.

Und tatsächlich stießen wir auf ein Happening, das gerade auf der Haight Street ablief, Hippies waren auch da, und ein paar von ihnen sahen ganz danach aus, als hätten sie sich ziemlich heftig in den Kosmos eingeklinkt. Stu und ich bekamen Batik-Stirnbänder ausgehändigt und wurden von jedem Mitglied einer Gruppe gefühlvoller Wanderer umarmt, die sich als »Umarm-Patrouille« bezeichnete. Wir lachten sie nicht aus, ebensowenig wie wir uns über die tiefernsten Darbietungen in der Herstellung von Kerzen und der Kunst des Batikens lustig machten, oder den bärtigen Mann mit bloßem Oberkörper und Pluderhose, der mit geschlossenen Augen auf einer Decke saß und Sitar spielte. Ihr guter Wille war zu entblößt und arglos dazu. Sie waren wie spielende Kinder, nur anrührender, weil sie keine Kinder mehr waren. Mir war all diese bewußte Unschuld peinlich, aber ich empfand auch einen seltsamen Beschützerinstinkt. Fast eine Sehnsucht. Eine Läuterung.

Wir schlugen die Stirnbänder um unsere kurzrasierten Schädel und schlurften die Straße entlang, erwiderten jedes Lächeln, setzten einen behutsamen Schritt in unseren glattgewienerten Halbschuhen vor den anderen, als hätten wir Angst, etwas kaputtzumachen.

Nachher gingen wir in eine Bar nicht weit vom Panhandle, wo wir krügeweise Bier tranken und uns unsere

Geschichte erzählten. Ich redete, aber Stu redete mehr. Er war in Chicago bei den Eltern seines Vaters großgeworden, weil seine Mutter starb, als er noch klein war, und sein Vater, ein Ölingenieur, sich oft wochen- und monatelang am Stück im Ausland aufhielt, eine lebende Legende, wie Stu sagte. Laß den Namen Bill Hoffman mal bei irgendwem aus der Ölbranche fallen, und er gibt dir auf der Stelle einen aus. Der Mann war unglaublich. Er hatte Öl an Orten gefunden, wo es eigentlich keins geben konnte, immer wieder. Und davor, bevor er auf die Uni ging und so, da war er Motorradrennfahrer, ein Champion. Und ein Kriegsheld, bei den Fallschirmjägern der ersten Stunde. War mit General Gavin über der Normandie abgesprungen und die ganze Kiste. Zwei Purple Hearts, ein Silver Star und eine Unmenge anderer Medaillen, sogar ein paar aus Frankreich. De Gaulle hatte ihm höchstpersönlich eine angesteckt und ihn auf die Wangen geküßt. Stu hatte in seinem Zimmer zu Hause ein Foto davon – wie Charles de Gaulle seinen Vater abknutschte.

So einen wie seinen Vater fand man unter Millionen nicht ein zweites Mal. Nur manchmal schwer, mit ihm zu reden. Er wollte einem nicht sagen, was er dachte. Das sollte man von selber wissen. Als Stu beschloß, das Bergbaustudium in Colorado zu schmeißen, sagte sein Vater kein Wort dagegen, obwohl es seine eigene Alma mater war. Stu hätte durchgehalten, nur um ihn glücklich zu machen, aber er fiel in fast allen Kursen durch; das einzige, was er je gewollt hatte, war Lesen, und damit kam man an dieser Uni nicht weit. Jedenfalls sagte sein Vater nicht viel, als er das Studium hinschmiß, nur: »Es ist dein Leben, leb es doch, so beschissen du willst.« Als sich Stu zur Army meldete, hatte er nicht mehr dazu zu sagen als:

»Laß dich von den Wichsern in nichts reinziehen«, und bis zu diesem Tage hatte er ihm noch nicht dazu gratuliert, daß er die Offiziersanwärterschule und das Luftlandetraining geschafft hatte. Stu glaubte, er müßte doch glücklich sein, daß sein Sohn die Familientradition weiterführte, nur lag es ihm wohl einfach nicht, das zu zeigen.

Aber ein toller Mann. Hart wie Felsgestein.

Stu sagte, sein Vater käme am nächsten Tag nach San Francisco geflogen, um ihn zu verabschieden. Er fragte, ob ich zum Abendessen mitkommen wolle, und fühlte sich sehr geehrt, als ich ja sagte.

»Er ist toll«, meinte Stu. »Ehrlich. Nur manchmal schwer, mit ihm zu reden.«

Später an diesem Abend versuchten wir, ins Top of the Mark reinzukommen, wurden aber am Eingang des Restaurants abgewiesen, weil wir keine Krawatten trugen. Dann standen wir vor dem Mark-Hopkins-Hotel und jaulten: »O verlorener und vom Wind betrauerter Geist, kehre zurück!« Die Türsteher waren unser einziges Publikum, und sie ignorierten uns. Sie standen in Rührt-Euch-Stellung mit ihren zusammengeschnürten Mänteln da und taten, als gäbe es uns nicht. So daß wir uns vorkamen wie die Idioten. Wir setzten uns in Bewegung, schwankten die Straße entlang, um zu zeigen, wie betrunken wir waren.

Am nächsten Tag nahm ich einen Bus in die Stadt und lief nach North Beach, wo ich nach Kerouacs alten Lieblingskneipen suchte. Später kehrte ich nach Haight-Ashbury zurück. Das Happening war vorbei, aber ich sah immer noch dieselben vertrauensseligen Gesichter, vielleicht waren es auch andere Gesichter mit demselben Ausdruck. Wieder spürte ich die Sehnsucht des gestrigen Tages. Ich sprach mit niemandem, außer mit einem Mädchen, das mir einen Gürtel andrehen wollte. Der Zweck meiner Rückkehr war mir nicht klar, aber ich wanderte durch das Viertel, bis es Zeit zum Abendessen wurde.

Wir trafen uns in einem Fischrestaurant unten beim Fishermen's Wharf. Stu hatte seine Uniform angezogen und sah völlig daneben aus in seinen großen Springerstiefeln und dem gestärkten Khaki voller Medaillen, tolpatschig und verunsichert, wie ein Pfadfinder, der all seine Verdienstabzeichen trägt.

Mr. Hoffman begrüßte mich gleich mit den Worten: »Also Sie sind der andere, der sich den Arsch wegschießen lassen will.«

Stu lachte kläglich.

»Ich hoffe nicht«, sagte ich.

»Na, das wird Ihnen wenig nützen«, stellte Mr. Hoffman fest. Nicht das geringste Lächeln. Er hatte Sommersprossen wie Stu und dünne weiße Lippen – genauso sommersprossig – und lockige rote Haare. Seine Haut spannte sich über den hohen Wangenknochen. Er bestellte Drinks und beobachtete mich ungeduldig, während ich Stus Fragen, wie mein Tag gewesen sei, beantwortete. Daß ich nach Haight-Ashbury zurückgegangen war, erwähnte ich nicht.

Mr. Hoffman wollte wissen, was ich von General William Childs Westmoreland hielt.

Stu sackte auf seinem Stuhl zusammen. Er sah müde aus.

»Ich bin ihm nie begegnet«, sagte ich.

»Sie müssen doch eine Meinung haben.« Mr. Hoffman brach mit einer scharfen Drehbewegung ein Stück Brot ab, so wie man ein Verbindungsstück festziehen würde. Auf seinen sommersprossigen Handrücken wuchsen überall drahtige Härchen. »Ab morgen übernimmt er doch das Kommando in Ihrem Leben, oder? Also bitte, was denken Sie?«

Ich wußte nicht, was ich ihm antworten sollte – was er zu hören hoffte.

»Denken Sie, ihm kommt es auf Sie an?«

Darüber dachte ich nach. »Ja, das gehört zu den Erfordernissen für einen Befehlshaber.«

»Erfordernisse!« Er warf Stu einen Blick zu. »Na, da haben sich ja zwei gefunden.«

»Wir haben das doch alles schon besprochen, Dad.«

»Ich stelle deinem Freund eine einfache Frage. Oder stört es Sie?« sagte er zu mir.

Ich schaute Stu an. Er griff nach der Speisekarte und vertiefte sich in sie.

»Stu möchte gerne Lehrer werden«, verkündete Mr. Hoffman. »Vielleicht sogar ein paar Bücher schreiben. Was halten Sie davon?«

»Ich finde es großartig.«

»Ich auch. Soweit ich weiß, hat noch nie jemand aus unserer Familie ein Buch geschrieben. Und das kann er auch, unser Stu. Er ist kein Durchschnittsmensch. Aber ich nehme an, das wissen Sie schon.«

Der Kellner kam, um unsere Bestellung aufzunehmen. Nachdem er wieder weg war, fuhr Mr. Hoffman fort: »Wußten Sie, daß General William Childs Westmoreland einmal trotz starker Winde den Befehl zu einem Fallschirmabsprung gegeben hat, wodurch eine ganze Truppe Jungs ums Leben kam? Haben sich den Hals gebrochen und alles andere auch. Das war in Fort Campbell, ja, nicht etwa in Vietnam. Keinerlei militärische Notwendigkeit.«

»Ich habe davon gehört.«

»Und was sagt Ihnen das über General William Childs Westmoreland?«

»Ich weiß nicht. Es war ein Trainingsabsprung. Ich denke, Training könnte man schon als militärische Notwendigkeit bezeichnen.«

»Würden Sie diesen Pferdemist schlucken, wenn einer der Jungs Ihr Sohn gewesen wäre?«

Ich nahm einen Schluck und setzte mein Glas behutsam wieder ab.

Mr. Hoffman sagte: »Jeder einzelne dieser Jungs war jemandes Sohn.«

»Dad.«

»Er selber hat keinen Kratzer abgekriegt. Ist heil wie ein Neugeborenes da rausgekommen. Was seid ihr diesen Scheißkerlen überhaupt schuldig?« fragte er Stu. »Glaubt ihr, ihr wärt ihnen was schuldig?«

Stu schloß die Augen.

»Ich will dir sagen, woran ihm was liegt, ihm und diesem traurigen Gipskopf aus Texas. *Wie er aussieht*. Und das war's auch schon. Da hast du Anfang und Ende seines miserablen Daseins.«

Mr. Hoffman ritt auf seinem Thema herum, bis das Essen kam. Er schob es eine Weile auf dem Teller herum, dann stand er auf und sagte: »Entschuldigen Sie uns.« Er wartete, bis auch Stu sich erhob, und die beiden verließen den Eßsaal. Sie waren so lange weg, daß ich in Ruhe aufessen konnte.

Keiner sagte ein Wort, als sie zurückkamen. Stu sah mich nicht an. Er setzte sich hin und fing an zu essen, steif, so wie wir an der Offiziersanwärterschule zu essen gelernt hatten, mit gestrafften Schultern, starrem Blick und wie eine Maschine kauend.

Mr. Hoffman nahm ein paar Bissen, dann schob er den Teller weg. »Was hält Ihr Vater davon?« fragte er mich.

»Wovon?«

»Davon, daß Sie sich den Arsch wegschießen lassen wollen, nur um den Ruhm von Lyndon Baines Johnson und William Childs Westmoreland zu mehren.«

»Ich bin mir nicht sicher. Wir stehen nicht in sehr engem Kontakt.«

»Stu und ich haben in letzter Zeit auch nicht in engem Kontakt gestanden. Aber das wird sich verdammt noch mal jetzt ändern, stimmt's, Stu?« Mr. Hoffman berührte seinen Arm. Stu nickte. Mr. Hoffman nahm seine Hand wieder weg, und Stu aß weiter.

»Sie sollten mit Ihrem Vater sprechen«, sagte Mr. Hoffman. »Vielleicht hat er auch ein, zwei Worte dazu zu sagen.«

»Es sieht nicht danach aus, als hätten wir noch Zeit dazu.«

»Tja, wirklich schade.«

Mr. Hoffman bestand darauf, daß wir noch auf einen Drink in die Piano-Bar im ersten Stock gingen. Drei Gäste saßen beim Klavier, ein TWA-Pilot und zwei Frauen. Als der Pianist mit dem Lied fertig war, das er gerade spielte, wünschte sich der TWA-Pilot den Titelsong aus »Das Appartement«. Die Frau zu seiner Rechten gab ihm einen Stubs mit der Schulter und sagte: »Ronnn!« Dazu rollte sie mit den Augen in unsere Richtung, voll gespielter Verzweiflung darüber, daß er auf ihr gemeinsames süßes Geheimnis anspielte. Sie hatte ein rundes Gesicht voller Gutmütigkeit. Der Pilot murmelte etwas, und sie stubste ihn noch einmal an. »Du großes Kind«, sagte sie.

Die andere warf mir einen Blick zu, gerade lange genug,

um auszudrücken, wie sehr sie diese Szene anödete, und wandte sich wieder ab. Sie saß zusammengesackt über ihrer Zigarette, eine knochige Blondine mit einem langen, blassen Hals und Schmollmund.

Der Pianist vollführte einige hübsche Schlenker auf seinen Tasten, dann stieg er in das Lied ein. Er spielte es mit halbgeschlossenen Augen. Am Ende nickte er kurz beim Applaus und nahm einen Schluck aus einem Glas Milch.

Die Frau bei dem Piloten beugte sich vor und fragte, Stus Fallschirmspringerabzeichen anstarrend, ob er zur Luftwaffe gehöre. Da sei ihr Bruder nämlich, fügte sie hinzu, in Guam.

»Army«, sagte Stu. Dann, mit hilflosem Stolz: »Bei den Luftlandetruppen.« Er nickte in meine Richtung. »Wir beide.«

»Schon drüben gewesen?« fragte der Pilot.

»Morgen früh.«

»Heizt ihnen ein«, sagte der Pilot.

»Heiliger Bimbam«, sagte Mr. Hoffman, »ich brauche eine Zigarre.« Er rutschte von seinem Barhocker herunter und verließ den Raum.

Der Pianist fing an mit »It Was a Very Good Year«.

Ich sah Stu an. »Ich dachte, er wollte dir nicht sagen, was er denkt.«

Er zupfte an seiner Cocktailserviette herum. »So war es den ganzen Tag schon. Bum bum bum. Bum bum bum. Er will einfach nicht aufhören.«

»Worüber regt er sich denn so auf?«

»Er will nicht, daß ich hingehe«, sagte Stu.

»Denk ich mir. Aber du hast ja nicht gerade die Wahl.«

»Das sieht er anders.«

»Ach komm. Was sollst du denn machen – desertieren?«

Stu gab keine Antwort.

»Was, er will, daß du desertierst?«

Stu sah mich an. Und sagte immer noch nichts.

»Das ist eine schwere Straftat«, sagte ich.

Er grinste.

»Na, ist es doch.«

»Eine schwere Straftat«, sagte Stu. »Das ist gut. Das habe ich nicht mehr gehört, seit ich klein war.«

Mr. Hoffman kam zurück in die Bar, gefolgt von zwei Frauen in raschelnden Abendkleidern und zwei Männern, die modisch bestickte Westernanzüge und Bolo ties trugen, spitze Stiefel und Cowboy-Gürtelschnallen. Ihr Auftritt hatte etwas von einer Stampede. Sie kamen herein und wuselten herum, die Frauen rieben sich die Arme in der Klimaanlagenkälte, die Männer bölkten sich an und wippten auf ihren Absätzen hin und her, immer wieder in heftige Lachsalven ausbrechend. Die vier arbeiteten sich bis zum Klavier vor, wo sie ein kleines Warenlager aufbauten – Handtaschen, Häufchen Kleingeld, Brieftaschen, Zigaretten, Feuerzeuge in türkis-silbernen Etuis. Die Frauen trugen eine Menge glitzernden Schmuck. Alle vier bestellten Margaritas und lächelten in die Runde, um zu zeigen, daß sie in harmloser Absicht gekommen waren.

Als der Pianist »The Yellow Rose of Texas« anstimmte, quiekte eine der Frauen auf. »Hört euch den an! Sie haben den falschen Staat erwischt, Mister!« Schließlich gab sie bekannt, daß sie aus Arizona kamen.

Stu beugte sich zu mir. »Wir machen uns gleich auf. Kommst du mit?«

Ich schaute über das Klavier hinweg zu der hochnäsigen Blondine. Sie starrte in ihr Glas.

»Geht ruhig«, sagte ich. »Wir sehen uns morgen früh.«

Mr. Hoffman drückte meine Schulter, und weg waren sie.

Die Arizoner ließen den Pianisten »Hello Dolly« spielen und brachten uns alle zum Mitsingen. Einer der Männer legte seinen Arm um die Blondine und schunkelte mit ihr im Takt. Sie entzog sich nicht, aber singen wollte sie auch nicht. Sie lächelte mit zusammengekniffenen Lippen, wie jemand, der schlechte Zähne hat.

Wir sangen ein paar Musicalstücke, dann krempelten die Ausgelassenen Vier die Ärmel hoch: »Don't Fence Me In«, »Cool Water«, »Tumbling Tumbleweeds«. Inzwischen war es ihre Party. Sie achteten darauf, daß unsere Gläser immer voll waren und wir immer kräftig mitsangen. Die Blondine ging. Sie verabschiedete sich von niemandem, stand einfach auf und ging. Ich wollte ihr nachschleichen, verpaßte aber irgendwie den richtigen Moment. Wir stießen auf die kommende Hochzeit des Piloten und seiner Freundin an. Wir stießen auf den Pianisten an. Wir stießen auf Arizona, den Kaktus-Staat, an und auf alle Vereinigten Staaten. Wir sangen ein paar patriotische Lieder und wurden alle sentimental.

Dann erzählte der Pilot den Arizonern, daß ich am nächsten Morgen auf die Reise ging. Eine der Frauen nahm dies zum Anlaß, ein paar Tränen zu vergießen. Ihr Gatte klopfte ihr ein paarmal auf den Rücken, dann setzten er und sein Freund sich neben mich und gaben mir gute Ratschläge.

Joviale Männer können ernsthaft werden, daß es eine Art hat. Das lauert die ganze Zeit hinter ihren Augenfalten, wie eifrigst sie darauf aus sind, einem zu zeigen, daß sie sich prima amüsieren können, aber daß sie bei Gott zur Sache kommen, wenn Not am Mann ist. Und diese hier waren noch nicht die Schlimmsten ihrer Sorte.

Sie verkündeten kein Evangelium, keine Spezialdiät, nicht den Weg zum großen Geld. Aber ich merkte doch, wie froh sie waren, daß die Party jetzt vorbei war und sie lange Gesichter ziehen und von Waffen und Krieg reden konnten.

Beide waren Veteranen und hatten eine Menge zu sagen, auch wenn ich ihnen nicht besonders gut folgen konnte. »Dieses Land kann vielleicht mobilisieren!« rief der eine immer wieder. Schließlich hatten die Gemahlinnen Erbarmen und brachten sie zum Schweigen. Dann standen wir alle draußen auf der Straße im glitzernden Nebel, schüttelten uns die Hände, fielen uns in die Arme, versprachen uns ein Wiedersehen, nächstes Jahr in Phoenix. Die Männer brachten mich zum Taxi. Als der Fahrer das Geld zählte, das sie ihm gegeben hatten, beugte sich einer noch einmal herein und schaute mich feierlich an. »Junge«, sagte er. Ich merkte, er wollte mir etwas sagen, etwas Bedeutungsschweres. Ich lehnte mich vor. Er sagte: »Halt die Ohren steif, Junge.«

Ich lag wach in meinem Zimmer, bis die Ordonnanz mich rief. Es war noch dunkel, als wir in die Busse einstiegen. Ein Sergeant kam und las die Namen vor. Stu meldete sich nicht. Und es fehlten noch zwei andere Männer. Als der Sergeant das Ende der Liste erreicht hatte, rief er die drei erneut auf und fragte dann, ob jemand wisse, warum sie nicht anwesend seien. Schweigen. Er machte sich eine Notiz auf seinem Block und stieg aus.

Auf dem Weg zum Flugplatz blieben die Innenlichter des Busses dunkel. Zigaretten glommen im Finstern. Kaum einer sprach, und dann nur wenig, ruhig. Es gab kein Gerempel und Geprahle. Später, im Flugzeug, fanden wir unsere Sprache wieder und redeten uns in einen grotesk feierlichen Zustand hinein, doch in diesem Augenblick waren wir wie betäubt von dem reißenden Strom, der uns gepackt hatte. Ich jedenfalls. Bis jetzt war mir nichts unwiderruflich erschienen. Ich hatte unbewußt immer geglaubt, daß mir, ganz gleich, was ich tat, wie viele Etappen ich durchlief, dieser letzte Schritt erspart bleiben würde. Irgend etwas würde geschehen – ich wußte nicht was. Der Vietcong würde kapitulieren. Mein Befehl würde geändert werden. Der Präsident würde den Rückzug beschließen. Irgend etwas. Bis jetzt waren Soldaten in einer langen, ununterbrochenen Reihe nach drüben gegangen, aber ich hatte nicht dazugehört. Meine Position in der Reihe war eine Garantie dafür, daß etwas geschehen würde, um sie zu durchbrechen. Ich hatte all dies nicht wirklich gedacht, aber ich muß es im Gefühl gehabt haben, denn ich stand unter Schock, als ich an diesem Morgen tatsächlich im Bus saß, und ich glaube, ich bildete mir nicht nur ein, daß es den anderen genauso ging.

Eigentlich hätten wir nicht dort sein sollen, jeder von uns wußte das, und doch waren wir dort.

Eine merkwürdige Frage fiel mir ein, und ich habe sie nie vergessen. Wie würde dieser Bus aussehen, wenn wir alle exakt so wären wie in einem Jahr?

Nichts konnte es aufhalten. Außer ... was? Eine Panne? Wir würden einfach in einen anderen Bus einsteigen müssen. Meine Kumpel aus Haight-Ashbury – die »Umarm-Patrouille« in einer Menschenkette quer über der Straße? Unsinn, ein Haufen Softies, so früh würden die nie aufstehen. Entführer. Eine Bande Entführer vor einer Barrikade, die Gewehre und Mistgabeln und Knüppel schwingen und den Fahrer mit hellen Scheinwerfern blenden würden. Der Fahrer hält an. Die Entführer hämmern auf die Tür ein, bis er sie öffnet. Sie kommen die Stufen hoch und den Gang entlang, leuchten jedem einzelnen ins Gesicht, bis sie diejenigen finden, nach denen sie suchen. Sie rufen unsere Namen, und dann wissen wir, wer hinter den blendend hellen Lampen steckt. Unsere Väter. Unsere Väter, die gekommen sind, um uns nach Hause mitzunehmen.

Verrückt.

Aber nicht so verrückt wie das, was sie wirklich taten – nämlich uns gehen zu lassen.

Teil Zwei

Die Lektion

Seit Wochen waren sie nach My Tho gekommen. Die vietnamesische Armee wußte es nicht, die amerikanischen Berater wußten es nicht. Die Stadt war voll von ihnen, und keiner sagte ein Wort. Später konnte ich das nicht vergessen – kein Wort der Warnung von irgendwem. Wochenlang waren sie überall um uns, auf den Straßen, in den Restaurants, sie sammelten sich für das große Schlachten und genossen die Reize der Stadt, bis es losging.

Gewisse Szenen bekommen im nachhinein einen pikanten Beigeschmack. Kurz vor der Tet-Offensive gab es einen Rummelplatz in einem Park am Fluß. Sergeant Benet und ich schauten eines Abends dort vorbei und wanderten zwischen den Spielen, den Marionettenvorführungen, den Jongleuren und den Feuerschluckern umher. Es gab einen niedlichen Schießstand mit ein paar alten 22ern, und ich blieb eine Zeitlang da, um mein Geschick zu erproben. Ein Mann mit gebeugten Schultern, groß für einen Vietnamesen, postierte sich zu meiner Rechten. Ein paar jüngere Burschen hinter ihm feuerten ihn an. Er war ein guter Schütze. Ich aber auch. Wir gaben nicht offen zu, daß wir wetteiferten, aber kein Zweifel, es war so. Dann schoß ich ein paarmal daneben und hörte auf, aus Angst, daß es so weiterging. »Gut geschossen«, sagte ich zu ihm. Er neigte den Kopf und lächelte. Es war vielleicht ein unschuldiges Lächeln, aber heute denke ich, es war vieldeutig und furchtbar.

Aus purem Glück saß ich auf meinem Bett beim Bataillon, als das Töten losging. Wäre ich in der Stadt oder unterwegs gewesen: Ende der Geschichte. Der erste Amerikaner, den sie umbrachten, war ein junger Bursche aus dem Hauptquartier, der nach Mitternacht aus einer Bar nach Hause fuhr. Er fühlte sich wahrscheinlich sicher wegen des jährlichen Waffenstillstands zum Feiertag. Sie erwischten ihn auf der Straße und erschossen ihn. Statt seine Leiche liegen zu lassen, schleppten sie sie die ganze Zeit in My Tho herum. Vielleicht dachten sie, er würde sich noch als wertvoll erweisen, wenn es in der Zukunft um den Austausch von Toten ging, oder sie konnten es nicht über sich bringen, sich von solch einer Trophäe zu trennen. Er war sehr groß. Am Ende machten sie sich selbst das noch zunutze und nahmen ihn als eine Art tragbares Bollwerk, hinter dem sie in Deckung gehen und feuern konnten. Als seine Leiche nachher gefunden wurde, sagte Doc Macleod zu mir: »Er war so voller Löcher, daß man ihn glatt als Blockflöte hätte benutzen können.«

Sie töteten ohne Umschweife alle Amerikaner, die ihnen in die Hände fielen, aber beim Töten der Vietnamesen waren sie noch effektiver. Sie hatten Listen mit den Namen aller ortsansässigen Politiker, Lehrer und öffentlichen Angestellten vorbereitet, und wen immer ihre Agenten als »der Sache gegenüber nicht ausreichend wohlgesonnen« bezeichnet hatten, stand drauf. Früh an jenem Morgen, als sie davon ausgehen konnten, daß die Feinde des Volkes in ihren Betten lagen und schliefen, gingen

Todesschwadronen von Tür zu Tür und trieben sie zusammen. Währenddessen übernahmen die politischen Kader die Kontrolle auf der Straße, und die Truppen griffen die Polizeistationen und Militärkasernen an. All das erfuhren wir später. Als der Überfall, die sogenannte Tet-Offensive, begann, hatten wir keine Ahnung, was los war.

Das Geschützfeuer weckte uns. Es war etwa halb vier, vier Uhr morgens am 31. Januar 1968. Heute betrachte ich das als eine Art Geburtstag – es war der erste Tag vom Rest meines Lebens, das ist mal sicher. Sergeant Benet und ich hasteten nach draußen und sahen es überall am Himmel über der Stadt aufflackern. Soldaten des Bataillons rannten an uns vorbei, die Karabiner in der Hand, Richtung Sicherungslinie. Ich sagte, daß mir das überhaupt nicht gefiel. Ich hörte mich sagen: »Das gefällt mir überhaupt nicht.«

Wir zogen uns an und gingen zu Major Chaus Hauptquartier hinüber. Sein Offiziersstab trug Tische und Stühle, Landkartenbehälter und Funkgeräte nach draußen. Einer von ihnen teilte dem Major mit, daß wir da waren. Er kam an die Tür und sagte: »Später. Sie kommen später zurück.« Als ich ihn um einen Lagebericht bat, sagte er: »Später. Jetzt ist zuviel zu tun, ja« und ging wieder hinein.

Sergeant Benet und ich putzten den ganzen Morgen unsere Waffen und hingen am Radio. Auf diese Weise erfuhren wir, daß My Tho in der Hand der Feinde war und der größte Teil unserer Division angegriffen wurde. Außerdem erfuhren wir, daß überall dasselbe passierte. Alle Städte im Delta – My Tho, Ben Tre, Soc Trang, Can Tho, Ca Mau, Vinh Long, allesamt – waren voller Vietcong. Jede kleine und große Stadt des Landes wurde belagert. Jeder Flugplatz war beschossen worden. Jede Straße abgeschnitten. Sie waren in den Straßen von Saigon, in der amerikanischen Botschaft. Alles in einer Nacht. Das ganze Land.

Ich konnte kaum alles aufnehmen, was ich da hörte. Besonders schwer fiel mir, dem Ganzen einen Sinn zu geben, denn kein Nutzen, keine Hoffnung ließ sich daraus ziehen. Selbst der offizielle Optimismus der Radiosprecher der Streitkräfte konnte die Tragweite der Meldungen nicht überspielen, und als wir uns in die militärischen Frequenzen einschalteten, hörten wir nichts als schockierte und panische Hilferufe. Aber niemand bekam Unterstützung. Das hieß, niemand konnte uns helfen, schlechte Nachrichten für uns. Das Bataillon war von Anfang an unterbesetzt gewesen, und zum Tet-Feiertag waren viele Soldaten der Truppe heimgefahren. Wir würden dieses irrwitzig schutzlose Stück Land mit einer skeletthaften Mannschaft und ohne eine Spur Hilfe aus der Luft oder über Land verteidigen müssen. Wir standen allein da.

Sergeant Benet und ich hörten Radio und sagten wenig. Er lag auf der Couch und starrte an die Decke, was nur nett von ihm war. Ich wollte nämlich nicht, daß er sah, wie ich damit umging, ich wußte ja selber nicht genau, wie ich damit umging. Es fühlte sich an, als betrachtete ich alles aus großer Entfernung. Der Morgen schritt voran, und ich bekam Hunger. Während ich weiter zuhörte, machte ich mir ein Sandwich und wurde mir plötzlich meiner Hände bewußt und dessen, was sie taten. Wie seltsam, Mayonnaise zu verstreichen. Das kann zum Seltsamsten werden, was man je getan hat. Ich aß ein paar Bissen und mußte aufhören, so trocken war mein Mund.

Major Chau bestellte uns zu sich. Er saß im Bunker, wo er seine Kommandostelle eingerichtet hatte. »Das ist wirklich schlimm«, sagte er. »Sie können keine Luftunterstützung anfordern, ja?«

»Nein. Nichts.«

»Doch! Kommen Sie. Schauen Sie.« Er zeigte mir die Landkarte, tippte mit seinem Stift darauf, wollte mir erklären, wie schwierig unsere Stellung zu halten war. Als er schließlich begriff, daß ich keine Düsenjäger herbeirufen konnte, falls wir angegriffen wurden, gab er ein zischendes Geräusch von sich und bleckte die Zähne. Er legte den Stift auf die Karte und fingerte eine Marlboro heraus, brachte es aber nicht fertig, sie in die Zigarettenspitze zu stecken, die er immer benutzte. Er schaute auf die Zigarette und das Mundstück hinunter, dann drehte er sich um und ging hinaus. Ein paar Minuten später kehrte er zurück und tat, als wäre nichts geschehen. Sergeant Benet und ich beugten uns mit ihm und seinen Stabsoffizieren über die Karte und versuchten, uns irgendeinen Plan auszudenken, aber keiner von uns hatte besonders viel zu sagen.

Ich fühlte mich hohl und völlig durcheinander. Ich war dumpf und sprach mit schwerer Zunge, genau wie die anderen. Wir taten im Grunde nichts anderes als herumstehen und abwarten, daß etwas geschah.

Die ganze Zeit über konnten wir das Gefecht in My Tho hören.

Irgendwo draußen explodierte eine Granate. Wir warfen uns auf den Plankenboden, die Münder zu schauderhaftem Grinsen verzerrt. Zwei weitere gingen fast gleichzeitig hoch. Nicht sehr nah, aber ich spürte die Erschütterung in meiner Brust. Wir warteten auf die nächste. Dann standen wir wieder auf, ganz, ganz langsam. Ich war hellwach.

Später am selben Nachmittag kam ein Soldat an die Tür des Bunkers und sagte, über uns sei ein Flugzeug. Es entpuppte sich als Aufklärungsflugzeug, eine kleine einmotorige Maschine ähnlich der Piper Cub. Der Pilot kreiste über dem Bataillon und wackelte mit den Flügeln, als wollte er etwas. Sergeant Benet suchte die Funkfrequenzen ab, bis er ihn gefunden hatte.

Der Pilot war ziemlich ungeduldig. Er sagte, er sei vorbeigeflogen und habe eine große Ansammlung Soldaten hinter einer der Baumreihen gegenüber unserer Sicherungslinie gesehen, ungefähr drei Footballfelder weit weg. Er war sich nicht sicher, wie viele es waren, vielleicht hundert oder hundertfünfzig. Wir konnten niemanden sehen, aber er gab uns ihre Position durch und kreiste weiter über ihnen, um das zu beschießende Ziel anzuzeigen.

Jeder ging an die Arbeit. Major Chau war ein guter Artillerieoffizier. Er hatte seine Leute von der Feuerleitung ausrechnen lassen, in welcher Reichweite diese Position und jeder andere mögliche Angriffsweg war, und sie lieferten den Männern in den Geschützgräben die Angaben. Die Geschützbedienung feuerte drei aufeinanderfolgende Salven ab. Ich sah, wie die Granaten in den Bäumen explodierten, und dachte: Ja! Ja! Wir haben sie alle auf einmal erwischt. Der Pilot berichtete mit hoher, dünner, vor Erregung überkippender Stimme, wie wir sie abschossen – »umhauten«, wie er es nannte. Wir zielten und feuerten weiter, um Eindruck zu schinden, eine Patrone nach der anderen, der Schlamm spritzte hoch, die brennenden Bäume kippten um und explodierten. Als die Vietcong-Kämpfer ihre Deckung verließen und flohen, folgte der Pilot ihnen, dirigierte den weiteren Beschuß und johlte jedesmal wie ein Cowboy, wenn wir noch mehr von ihnen umhauten. Die Baumreihe war lang und dicht. Wir hörten unsere Granaten in den Reisfeldern dahinter detonieren, sahen aber keinen der Soldaten, die wir töteten, bis zum Schluß, als ein paar von ihnen einen Haken nach links schlugen und zur Straße nach My Tho rannten. Da liefen sie für ein paar Sekunden lang durch unser Blickfeld, fünf oder sechs entfernte Gestalten in Schwarz, die gebückt über die Deiche hetzten. Ihr Anblick verblüffte mich. Ich wurde vollkommen leer. Die Wachen an der Sicherungslinie ließen ein Geknatter von Schüssen los, trafen aber niemanden. Sie schafften es bis zur Straße und verschwanden über die Böschung.

Der Pilot ließ sie laufen. Wir sollten das Feuer auf die größere Gruppe, die wir nicht sehen konnten, konzentrieren, bis sie am Boden oder verstreut in Deckung gegangen war. Dann gab er uns das »Alles-klar«-Zeichen und verschwand in die Höhe. Als Sergeant Benet ihm dankte, antwortete er nicht, wackelte nur wieder mit den Tragflächen.

Wir ließen die Waffen abkühlen. Dann – hochrot, aufgekratzt, mit klingelnden Ohren und merkwürdig vor Begeisterung zusammengebissenen Zähnen – fingen wir wieder an zu feuern. Wir waren dünn besetzt, aber wir hatten bergeweise Munition. Den ganzen Nachmittag schossen wir, bis in die Nacht hinein. Ich sage *wir*. In Wahrheit tat ich sehr wenig. Mein Rat wurde nicht gebraucht. Ein Amerikaner, der keine Hubschrauber oder Düsenjäger besorgen konnte, hatte keine Stimme. Als ich es leid wurde, beim Kommandobunker herumzulungern, inspizierte ich die Wachen an der Sicherungslinie und half Sergeant Benet, Munition zu stapeln und die Gruben von Patronenhülsen zu befreien. Sergeant Benet arbeitete, bis er schäumte. Mit nacktem Oberkörper und schillernder Haut, dem Geschützpersonal Mut zurufend, ragte er in dem schwefligen Rauch und Lärm auf wie Vulcanus. Als es dunkel wurde, glommen die Enden der Läufe wie Glut.

Wir sprengten die Straße, die von My Tho kam, in die Luft, damit sie uns nicht mit den Lkws und gepanzerten Mannschaftstransportern, die sie erbeutet hatten, attackieren konnten. Wir sprengten die Baumreihen ringsum in die Luft, um ihnen die Deckung zu nehmen, und die Deiche, damit sie sie nicht als Wege benutzen konnten. Wo immer sie sich in dem Gebiet um uns herum fortbewegen oder verstecken mochten, wir warfen überall hochexplosive Bomben ab. Dann wandten wir unsere Aufmerksamkeit der Stadt zu.

Daß und wie My Tho mit unserer Hilfe in Schutt und Asche gelegt wurde, das hatten wir nicht direkt zu verantworten, und es erschien zu jedem Zeitpunkt notwendig und gerechtfertigt. Die Bataillone in der Stadt gerieten immer mehr unter Druck, so daß wir anfingen, die Gebäude in ihrer Umgebung zu beschießen. Zum Beispiel den alten Platz, an dem General Ngocs Hauptquartier lag, wo er und das Provinzoberhaupt sich mit ihren Stabsoffizieren verkrochen hatten. Überall in der Stadt kauerten sich Häuflein verschreckter Regierungsbeamter und Soldaten zusammen, und jedesmal, wenn einer von ihnen über Funk zu uns durchkam, richteten wir unsere Geschütze genau dorthin, wo er es haben wollte, ohne Rückfragen. Wir zerstörten Brücken, versenkten Boote. Wir machten Geschäfte und Bars am Flußufer dem Erdboden gleich. Wir vernichteten Hotels und Häuser, etagenweise, straßenweise, blockweise. Ich sah mir die Karte an, ich wußte, wo die Geschosse hingingen, aber ich nahm die Ziele nicht als Häuser wahr, wo erschöpfte und verängstigte Menschen um ihr Leben beteten. Wenn man Angst hat, bringt man alles um, was einen umbringen könnte. Jetzt, wo der Feind die Stadt in der Hand hatte, war die Stadt der Feind.

Und auf unsere Freunde hätte ich auch nicht allzu viel gegeben. Ich befürchtete, Major Chau und seine Offiziere könnten uns im Falle eines Angriffs hängenlassen, vielleicht sogar einen Handel machen und uns ausliefern. Diese Männer hatten mir niemals Anlaß zu einem solchen Gedanken gegeben, das wußte ich sehr wohl, aber es hinderte mich keineswegs daran, ihn zu denken.

In den nächsten Tagen überschütteten wir die Stadt mit Granaten. Dann tauchten Düsenjäger auf. Ihre Route nach My Tho führte sie direkt über unser Lager, manchmal so tief, daß wir die Nieten auf ihrer Außenhaut erkennen konnten. Diese Maschinen waren so amerikanisch, so auftrumpfend, so technisch, so laut. *Phantome*. Wenn sie über uns langsamer wurden, um sich zu formieren, machte das Röhren ihrer Triebwerke jedes Wort unmöglich. Hier unten war ich in einem kranken, bösen Land, aber wenn ich meinen Blick zu diesen Flugzeugen erhob, sah ich meine Heimat. Sie gingen kreischend auf die Stadt nieder und drehten ab, flogen eine Kurve und kehrten zurück. Ihre Bomben schickten ein Zittern vom Boden hoch, an unseren Beinen empor. Wenn sie alle Bomben verbraucht hatten, flogen sie weg, um neue zu holen. An der Unterseite der Rauchwolke, die über My Tho hing, leuchteten Flammen auf, der Verwesungsgeruch mischte sich säuerlich in die Brise, und immer noch bedienten wir die Geschütze und umgaben jeden verängstigten Mann, der ein Funkgerät hatte, mit Ringen der Zerstörung.

Nichts von alldem machte mich nachdenklich. Erst als wir am Ende die Stadt wieder einnahmen, als der letzte Heckenschütze von seinem Dach gefegt worden war, erkannte ich, was wir getan hatten, wir und der Vietcong gemeinsam. Der Ort war ein Trümmerhaufen, noch zwei Wochen später glomm es überall und roch süßlich nach Leichen. Überall lagen Tote herum, auf den Straßen, im Wasserreservoir, begraben oder halb begraben unter eingestürzten Gebäuden, grinsend, verkohlt, aufgetrieben, mit fehlenden oder merkwürdig verrenkten Gliedern, manche ohne Kopf, andere fast bis auf die Knochen verbrannt, und der Gestank war so dicht und faulig, daß wir Mundschutzmasken tragen mußten, die mit Parfüm, Aftershave, Deodorant getränkt waren, mit allem, was wir hatten, nur um uns durch die Stadt bewegen zu können. Hunderte Leichen, und es wurden immer mehr. Ganze Banden wühlten sich durch den Schutt und suchten nach Überlebenden. Ein paar fanden sie, aber vor allem fanden sie noch mehr Leichen. Die rollten sie in Tatami-Strohmatten ein und ließen sie am Straßenrand zur Abholung liegen. An einem Tag kam ich an einer langen Reihe vorbei, fast einen Häuserblock lang, alles Kinder, deren nackte Füße aus den Matten hervorschauten. Mein Fahrer sagte mir, wir hätten ein Schulgebäude bombardiert, in dem sie zusammengepfercht gewesen seien, um revolutionäre Geschichte und Lieder zu lernen.

Ich glaubte es nicht. Das klang wie eine dieser Geschichten, die hinterher immer die Runde machen. Aber es hätte stimmen können.

Nun, da die Gefahr vorbei war, konnte ich mir gewisse Gefühle über das, was wir getan hatten, wieder erlauben, aber schon jetzt wußte ich, sie würden beim nächsten

Anzeichen von Gefahr sofort verschwinden. Und die Vietcong-Kämpfer? fragte ich mich oft. Tat es ihnen leid? Liebten sie ihre vollkommene Zukunft so sehr, daß sie, ohne sich zu schämen, kleine Kinder an sie verfüttern konnten, Kinder und Familien und Städte – ihre eigenen Städte? Offenbar schon, denn sie machten es immer wieder. Und am Ende bekam der Vietcong seine Zukunft auch. Je mehr von seinem Land er ihr zum Fraß vorwarf, desto näher rückte sie.

Als militärische Aktion war die Tet-Offensive gescheitert; als Lektion war sie ein Erfolg. Die Vietcong-Kämpfer wußten genau, was geschehen würde, als sie nach My Tho und in all die anderen Städte kamen. Sie wußten, sobald sie sich unter die Bewohner mischten, würden wir aufhören, so zu tun, als machten wir einen Unterschied zwischen ihnen. Wir würden sie alle töten, um einen zu erwischen. Auf diese Weise brachten sie ihrem Volk bei, daß wir sie nicht liebten und nicht beschützen würden; daß wir sie trotz allem Gerede von Partnerschaft und Brüderschaft nicht mochten und ihnen mißtrauten; und daß wir sie bis zum letzten Mann umbringen würden, um unsere eigene Haut zu retten. Wer etwas anderes glaubte, machte sich etwas vor. Diese Lektion erteilten sie ihrem Volk, und uns genauso. Mir jedenfalls.

Antiquitäten

Ich lernte Pete Landon am Spracheninstitut kennen. Pete war im diplomatischen Dienst und hatte in Groton und Harvard studiert, hochtalentiert, hochgebildet. Französisch, Deutsch und Italienisch konnte er sowieso schon, und während alle anderen noch ein Vietnamesisch ablieferten, das wie eine absurde Mutation des Englischen klang, hatte er bereits angefangen, Gedichte in dieser Sprache zu erlernen. Er war athletisch und smart. Andere Männer, darunter ich selbst, warben um seine Aufmerksamkeit, als wäre er eine schöne Frau, so eine glamouröse Ausstrahlung hatte er. Wenn er über etwas lachte, das ich gesagt hatte, fühlte ich mich glücklich. Auserwählt.

Pete war sieben oder acht Jahre älter als ich und zeigte ein onkelhaftes Interesse an mir, und ich war mir keineswegs zu fein, es mit beinah tödlich ausgegangenen Stories aus dem Überlebenstraining und der Fallschirmspringerzeit noch anzustacheln. Meine Darbietung eines waghalsigen jungen Kriegers schien ihn zu amüsieren, und ich trug dick auf.

Pete kam vor mir nach Vietnam und verbrachte einige Monate auf dem Land. Dann wurde er nach Saigon versetzt. Er schickte mir seine Adresse und bot mir an, daß ich jederzeit bei ihm unterkommen könne; dieser Einladung folgte ich ein paarmal, wenn ich mit Versorgungsaufträgen in die Hauptstadt mußte. Er wohnte in einer schönen alten Villa im Grünen und beschäftigte einen Gärtner, mehrere Putzfrauen und einen auf französische Küche spezialisierten Koch.

Pete hatte vier Mitbewohner, Zivilisten wie er. Ich wußte nicht, was sie genau machten, und ahnte, daß ich sie besser nicht danach fragte. Sie waren clevere, lässig elegante Burschen aus derselben Welt wie Pete und von ebenso fürstlicher Gastfreundschaft. Immer waren Freunde im Haus, Journalisten, Besucher aus den Staaten, rätselhafte junge Offiziere aus dem Hinterland, die Montagnard-Armbänder trugen. Das Ganze war wie eine ultracoole Bruderschaft.

Vor dem Abendessen kamen wir zusammen, legten Musik auf und brachen eine neue Flasche Scotch an. Die Musik wurde lauter, wir wurden lauter. Pete und seine Freunde schwiegen sich über ihre Arbeit aus, aber sie tratschten leidenschaftlich gern über den familienartigen Kreis ihrer gemeinsamen Bekannten. Mir kam das nicht snobistisch vor, sondern eher wie die präzise Beobachtung ihres eigenen Stammes. Worüber sollten sie denn sonst reden? Wenn beim Scotch eine Story die andere gab, wurde die von ihnen heraufbeschworene Welt wirklicher als die Umgebung draußen, und sie wurden wieder ein Teil dieser Welt, man konnte direkt zusehen dabei. Selbst mir gelang das, durch einen alten Trick – ich wünschte mir so sehnlich, einer von ihnen zu sein, daß ich schließlich daran glaubte.

Das Abendessen war förmlich, nicht in punkto Kleidung, aber es gab eine bestimmte Etikette hinsichtlich

Rede und Verhalten. Schließlich waren wir alle jung, beschwingt vom Alkohol, sprungbereit am Rande der Auflehnung. Es war unausgesprochen klar, daß die Nacht wüst enden sollte. Die formvollendeten Manieren schoben dieses Ziel hinaus, zollten aber zugleich seiner Unausweichlichkeit Tribut, wodurch jede Höflichkeit zu einer Facette der bevorstehenden Ausschweifungen wurde.

Wir saßen an einem Mahagonitisch, beleuchtet von zwei silbernen Kandelabern. Pete, am Kopf der Tafel, schnitt das Fleisch auf, erläuterte den Wein, dirigierte uns wie ein Chorleiter. Er regierte, unterdrückte aber nicht. Es gelang ihm, jeden zu einer Art Darbietung zu bewegen – Shakespeare zu deklamieren, ein Lied zu singen oder eine Geschichte zu erzählen, von der er wußte, daß man sie gut erzählte. Am Ende jeder Nummer sagte er: »Hört, hört«. Im weiteren Verlauf des Essens schlug er an sein Glas und erhob sich, um derart gewundene und manierierte Trinksprüche auszubringen, daß ich mir sicher war, er wollte jemanden parodieren, vielleicht auch nur die Trinksprüche selber, schon das Konzept des Trinkspruchs als Urliturgie dieser ausgesuchten Vornehmheit, deren Regeln wir nur zu bald kurz und klein schlagen würden. Er ertrug es nicht, wenn wir, kaum war der Teller leer, schon Aufbruchsstimmung verbreiteten. Er zauberte Cognac und kubanische Zigarren hervor und lehnte sich in seinem Stuhl zurück, tief in Gedanken versunken. Dann forderte er uns zu Diskussionen über Fragen wie »Ist der Roman wirklich tot?« oder »War Napoleons Rußlandfeldzug tatsächlich so eine Niederlage, wie konventionelle Geister ihn darstellen?« auf. Auf gelungenste sokratische Art – »Gutes Argument, aber vielleicht läßt sich Borodino noch ganz anders sehen?« – hielt er uns bei der Sache, bis nichts mehr von ihr übrig war oder von unserer Fähigkeit, derlei Unsinn hervorzubringen. Erst dann faltete er seine Serviette zusammen, schob seinen Stuhl zurück und schlug vor, auf einen Drink noch woanders hinzugehen.

Wie eigentümlich, nach einem Abend an Petes Tisch auf die Straßen von Saigon zu treten! Alles war von neuem fremd: die Häuser, der Anblick der Bäume vor dem Abendhimmel, die Geräusche und Gerüche und vor allem die Menschen – so völlig anders, massenweise auf den Bürgersteigen und Straßen, unter Markisen, auf Türschwellen und in Restaurants, so viele, daß man glauben mochte, sie wären aus einem bestimmten Anlaß draußen. Wir kämpften uns durch bis zur Fahrbahn, hielten Taxis an und begannen mit unserem Abstieg in die Nacht.

In dieser Umgebung, mit ihren verwirrenden Maßstäben von Zeit und Ort, war an unseren Ausschweifungen nichts Besonderes; höchstens vielleicht das Gefühl von Überlegenheit, das uns dabei ergriff. Im Haus hatten wir die äußeren Formen respektiert, aber in dem Bewußtsein, daß nicht sie uns beherrschten, sondern wir sie: Schließlich waren wir Abtrünnige und das ganze Jung-Gentleman-Getue die reine Ironie. Doch später, in den Kaschemmen, wohin unsere Abwege uns geführt hatten, nahm die Ironie eine andere Form an. Da sah es dann doch so aus, als wären wir junge Gentlemen, die es aus anthropologischer Neugier hierhin gezogen hatte. Dieses erhabene Selbstgefühl gab uns zugleich freie Fahrt und Distanz. Das gehörte zur Wahrheit der Großen Tour, auf die Pete uns mitnahm, und wir als touristische Pfundskerle hatten diese Wahrheit zu schlucken, ohne das Gesicht zu verziehen.

Pete bestimmte die Route. Er trank gern, ihm war aber nichts anzumerken. Nie sprach er mit schwerer Zunge oder lallte gar, und im Verlauf der Nacht wurde sein Benehmen nur noch distinguierter. Wenn wir anderen kurz vorm Zusammenbruch standen, zauberte Pete Taxis aus dem Nichts hervor und brachte uns zur Villa zurück. In diesen Augenblicken war er so munter und leutselig wie nie. Bereit, schnell ein paar Rühreier zu machen, eine Kanne Kaffee zu kochen, ein ernstes Gespräch zu führen.

Die anderen winkten ab und gingen schlafen. Doch ich blieb auf, bei Pete: Ich mochte es, seine Aufmerksamkeit für mich zu haben; das war es wert, ein bißchen Schlaf zu verlieren. Er plünderte die Küche auf der Suche nach Rosinenbrötchen und Kuchen und drängte sie mir zusammen mit seinen Gedanken und Ratschlägen förmlich auf. Ich wußte, zu Hause hatte er zwei kleine Brüder; er behandelte mich etwa so, als wäre ich einer von ihnen. Und wenn er sich ein bißchen herablassend verhielt, wenn er mir etwas zu ungebremst gute Ratschläge erteilte, wenn er mich manchmal allzu oberschlau unseren Unterschied in Alter, Vorgeschichte und Zukunftsplänen spüren ließ, dann war das schon in Ordnung. Ich wußte, es geschah nur zu meinem eigenen Besten.

Nicht lange nach der Tet-Offensive besuchte mich Pete bei meinem Bataillon. In seinem Landrover saß noch ein Mann namens Shaw. Sie waren von Saigon heruntergekommen, in der Hoffnung, Ben Tre zu erreichen, aber die Straßen waren alle verstopft, und als sie kurz vor My Tho in schweren Regen gerieten, beschlossen sie, über Nacht hier zu bleiben.

Shaw ging hinein, um zu duschen, aber Pete hatte noch nicht die nötige Bettschwere. Er brachte Sergeant Benet und mich dazu, unsere Ponchos anzuziehen und ihn im

Bataillon herumzuführen. Wir inspizierten die Aufstellung der Geschütze und schritten die Sicherungslinie ab, wobei Pete bei jedem Feldposten stehenblieb, um die Wachen zu befragen. Sie ordneten sich ihm sofort unter, strahlten wie Kinder über das Wunder seines schönen Vietnamesisch, während er sich nach ihren Waffen und Verteidigungsmaßnahmen und Heimatdörfern und Familien erkundigte. Sergeant Benet und ich standen wartend herum, die Schultern gekrümmt unter dem alles durchnässenden Regen, der in breiten Strömen von den Kapuzen an unseren Gesichtern entlang herunterlief.

Es war dunkel, als wir wieder drinnen saßen. Shaw hatte die Fernsehnachrichten eingeschaltet. Pete spielte ein bißchen mit Canh Cho und kam dann herüber in die Küchenecke, wo Sergeant Benet einen Salat machte und ich ein paar Steaks grillte.

»*Quel boeuf!*« sagte er. »Filet Mignon ... Wo im Himmel habt ihr das her?«

»Freunde«, sagte ich.

»Euch geht's aber gut hier«, meinte Pete. »Das reinste Schlaraffenland.« Das war unüberhörbar nicht als Kompliment gemeint.

Beim Abendessen stellte sich heraus, daß auch Shaw im diplomatischen Dienst war, stationiert in Thailand. Ich mochte ihn. Er kam schnell zur Sache und hatte eine knappe, unbeirrte Art, andere ebenso auf den Punkt zu bringen. Er war zu Besuch nach Vietnam gekommen, und Pete hatte sich freigenommen, um ihn herumzuführen, ins Bild zu setzen. Das war eine freundschaftliche Geste, aber ich merkte, richtige Freunde waren sie nicht. Shaw benahm sich verkrampft. Er schien Petes einnehmendes Wesen nicht zu bemerken und weigerte sich, sein Auftreten beeinflussen, seine schroffe Art abmildern zu lassen.

Pete wußte nicht, wie er mit ihm reden sollte. Aber er gab auch nicht auf; er plänkelte in seiner typisch galanten, spöttisch-höflichen Weise weiter. Ich hatte Pete noch nie versagen sehen. Es war mir peinlich für ihn, und das wiederum kam mir irgendwie illoyal ihm gegenüber vor.

Wir beide blieben noch auf und tranken ein Bier, nachdem Shaw und Sergeant Benet sich in die Falle gelegt hatten. »Na«, sagte Pete, »hier hast du dir ja ein hübsches Nest gebaut.«

»Man tut, was man kann.«

»Hatte mir deine Situation etwas anders vorgestellt.«

»Wir haben nie richtig darüber geredet. Gibt nicht viel zu sagen.«

»Ich meine, Herr im Himmel, du bist doch voll eingerichtet. *Entre nous*, wo hast du den Fernseher her?«

»Ein Handel«, sagte ich.

»Ach was. Na. Stilvoll eingerichtet. Nichts dem Zufall überlassen.«

»Dir geht's doch auch nicht gerade schlecht«, sagte ich.

»Ja, in Saigon. So hab ich im Busch nicht gelebt.«

Das stimmte, ich wußte es. Ich kannte die Fotos von Pete mit seinen Dorfleuten, Pete beim Brunnenbohren, Pete beim Brückenbau, Pete auf Patrouille mit der örtlichen Eingreiftruppe. Pete in vietnamesischer Kleidung, beim Essen, im Schneidersitz auf der Erde, die Hand mit den Stäbchen über seiner Reisschale schwebend. Er hatte ein dickes Fotoalbum voll solcher Fotos, und weitere hingen gerahmt an der Wand seines Schlafzimmers.

»Ich dachte, du wärst mit ausgeschlafeneren Leuten zusammen«, sagte er. »Weiter draußen, mit mehr Risiko.«

»Man geht hin, wo man hingeschickt wird.«

»Aber hier ist es doch wie zu Hause, oder?«

»Nicht ganz.«

»Ach klar. Ganz genau so. Wenn du das olle Filet Mignon leid bist, machst du einen Hüpfer in die Stadt zum Chinesen.«

»Man macht nicht einfach so einen Hüpfer nach My Tho.«

»Aber natürlich tust du das! Ich dachte, du wolltest da draußen sein« – er wedelte unbestimmt mit der Hand – »und mal ordentlich aufräumen.«

»Ich bin schon da draußen gewesen.« Dann fügte ich hinzu: »Kann aber nicht sagen, daß ich viel aufgeräumt hätte.«

Pete beugte sich vor. Sein Gesichtsausdruck war ganz freundlich. »Weißt du, ewig wird das nicht so weitergehen. Du mußt dich mal fragen: Woran werde ich mich erinnern, wenn es vorbei ist? Worauf kann ich dann zurückblicken?«

Ich wußte keine Antwort.

Er streckte die Hand aus und gab mir einen Klaps aufs Knie. »Du bist doch eine Waffe, weißt du das nicht mehr? So scharf wie 'ne Rasierklinge, hast du immer gesagt. Der Terror vom Himmel. Der Tod auf Katzenpfoten. Willst du mir nicht zeigen, was du kannst?«

»Ich will nach Hause.« Die Worte schossen so schnell hervor, daß ich mich fast verschluckte.

Pete lehnte sich zurück. Er setzte zum Sprechen an, dann schüttelte er den Kopf und nahm einen Schluck. Als ich gute Nacht sagte, hob er die Flasche, ohne mich anzusehen.

Am nächsten Morgen verkündete Pete, er habe seine Pläne geändert. Statt nach Ben Tre weiterzufahren, wo es seit Tet nicht mehr viel zu sehen gab, schlug er vor, ein Dorf weiter westlich anzusteuern, um dort jemanden wirklich Interessantes zu treffen. Dieser Mann hatte überall im Delta wichtige Posten besetzt, und obwohl er jetzt pensioniert war, hielt er seine alten Verbindungen aufrecht und wußte Dinge über das Land, die sonst keiner wußte. Er war berühmt für seine Kenntnis der Lage. Was er nicht wußte, brauchte man nicht zu wissen.

Sergeant Benet sagte: »In dieser Richtung ist die Straße nicht zu empfehlen.«

»Blödsinn«, sagte Pete. »Die Straße ist vollkommen in Ordnung. Ich bin schon oft da lang gefahren.«

»Der Straßenzustand ist okay«, sagte ich. »Die Straße selber ist derzeit nicht besonders sicher. Sie wird nicht viel benutzt.«

»Wenn sie keiner benutzt«, meinte Pete, »dann erwarten sie doch auch keinen, oder?«

»Wahrscheinlich nicht«, erwiderte ich.

Shaw sah von einem zum andern. »Wie weit ist dieses Dorf?«

»Um die fünfundzwanzig Ka-Emm«, sagte ich.

»Höchstens zwanzig«, Pete sah mich an. »Fühl dich bitte nicht verpflichtet, mitzukommen. Ich bin sicher, du hast Dringenderes hier zu erledigen.«

Bis zu diesem Augenblick hatte ich nicht im Traum daran gedacht, mitzufahren; es war mir nicht mal durch den Kopf gegangen. »Ich würde gern mitfahren«, sagte ich.

»Mußt du nicht.«

»Will ich aber.«

»Tun Sie das nicht meinetwegen«, sagte Shaw. »Das ist nicht nötig.«

Ich schüttelte den Kopf. »Neugier.«

»Guter Mann.«

Pete mußte ein paar Anrufe nach Saigon erledigen. Während er drüben in der Fernmeldezentrale war, stapelte ich Sandsäcke auf den Boden des Landrover und rüstete uns mit Waffen aus. Zwei M-16, massenhaft Munition, ein Bündel Splittergranaten. Pete hatte seine schwedische K mitgebracht, ein gutaussehendes, heiß begehrtes Gewehr, aber nur einen Ladestreifen. Ich fragte Shaw, ob er mit diesen Geräten überhaupt umgehen könne. Er sagte ja, er wolle es aber nicht. »Auf diesem Ausflug bleibe ich lieber Nichtkämpfer.«

»Vielleicht müssen Sie diese Absicht noch aufgeben.«

»Hoffentlich nicht.«

»Sind Sie Quäker?«

»Was für eine komische Frage. Warum wollen Sie das wissen?«

»Sie haben so merkwürdig ›Nichtkämpfer‹ gesagt.«

»Wo bin ich denn hier! Da sagt man ›Nichtkämpfer‹, und gleich wird man gefragt, ob man Quäker ist.«

»Sind Sie also nicht.«

»Nee.«

»Nichts für ungut.«

»Schon gut. Da fallen mir schlimmere Dinge ein, die man sein könnte.«

»Mir nicht«, sagte ich. »Hier nicht.«

Sergeant Benet nahm mich beiseite, bevor wir fuhren. Er fand das falsch von mir. Ich hatte keine Order und keinen Auftrag auszuführen.

Ich sagte, ich wolle aber mit.

»Verzeihen Sie, Sir, aber Sie haben da unten einfach nichts verloren.« Er wartete meine Antwort ab, und als ich wiederholte, daß ich fahren wolle, sagte er »Blödsinn« und wandte sich ab. Das war das einzige Mal, daß er sich mir gegenüber im Ton vergriff.

Nachdem wir ein paar Kilometer über My Tho hinaus gekommen waren, veränderte sich das Land. Die Reisfelder waren leer. Keiner versuchte, uns irgend etwas zu verkaufen, die Kinder bettelten nicht und jagten uns nicht nach. Es gab keine Militärfahrzeuge auf den Straßen, nur ein paar Mopeds und Fahrräder. Die Brücken waren unbewacht. Ich saß hinten und verfolgte unsere Position auf der Karte, während Pete fuhr und Shaw auf Details aufmerksam machte.

Unterwegs hielten wir an, um uns einen Ziegelbau anzusehen, der unter Beschuß gestanden hatte. Ein bitterer Geruch hing immer noch an den Wänden. Wir schlenderten im Inneren herum, schauten zum Himmel hoch, der durch die Löcher im Dach zu sehen war. Shaw stand neben einem Fenster und schoß Fotos. Dabei ging er langsam in die Hocke. Ich trat hinter ihn und sah, was die Kamera aufnahm, das Häufchen leerer Patronenhülsen unter dem Fenster, den gesprengten Fensterrahmen, die Landschaft draußen, leer bis zum Horizont, zuviel Landschaft, um sie in Schach zu halten, obgleich das irgendein armer Teufel wohl verzweifelt versucht hatte. Dieses Foto erzählte die Geschichte seiner Verzweiflung.

Wir kamen kurz vor Mittag in dem Dorf an. Pete schickte einen Jungen mit einer Stange Marlboro los, um unsere Ankunft anzukündigen, und kurz darauf saßen wir auf dem Boden eines großen, düsteren Raums bei Ong Loan, dem Mann, von dem Pete erzählt hatte. Ong Loan war klein, selbst für einen Vietnamesen, kahl und uralt. Er sah gar nicht so alt aus – sein Gesicht war glatt und rund und babyhaft –, aber man hörte es an seiner Stimme. Er sprach mit papierenem Wispern. Jedes Gespräch muß ihm Schmerzen bereitet haben, aber er schonte sich nicht. Er fragte nach unserer Gesundheit, machte eine Bemerkung über die Jahreszeit, beantwortete Petes Fragen nach seinem eigenen Wohlergehen. Er sprach seine eigene Sprache, gelegentlich auch Französisch; falls er Englisch konnte, ließ er sich nichts davon anmerken. Beim Sprechen hielt er eine Zigarette zwischen Daumen und Zeigefinger geklemmt, nahm tiefe Züge und blies mit geschlossenen Augen den Rauch an die Decke.

Viele andere Menschen hatten sich mit uns in dem Raum versammelt. Sie standen an den Wänden, schauten zu und sagten nichts. Nach einer Weile traten zwei Frauen mit Tee und Reiskuchen vor. Ong Loan entschuldigte sich dafür, wie schlicht der Imbiß sei. Pete lobte ihn.

Ong Loan fragte Pete nach Saigon. Sein letzter Besuch, sagte er, liege so lange zurück. Jahrelang. Pete beschrieb, wie geschäftig es sei, voller Menschen und vor allem Soldaten. Ich wartete immer darauf, daß sie die Förmlichkeiten hinter sich ließen und endlich direkt miteinander sprachen, um die wichtigen Dinge zu erörtern, mit denen Ong Loan so intim vertraut war. Aber nein. Sie redeten in dieser angenehmen, gutgelaunten Art weiter, Ong Loan flüsterte Fragen, Pete antwortete in seinem flüssigen, idiomatischen Vietnamesisch. Über lange Abschnitte des Gesprächs verlor ich den Faden, dann stieg ich wieder ein, wenn ein bekanntes Wort, ein bekannter Ausdruck vorkam. Shaw wiegte beim Zuhören den Kopf hin und her. Natürlich verstand er kein Wort.

Und dann fingen sie an, über Porzellan zu reden – chinesisches Porzellan. Ich wußte, darin war Pete eine Art Experte. In seinem Haus in Saigon hatte er stapelweise Bücher zum Thema, und er besaß eine Sammlung wertvoller Teller und Töpfe. Die kaufte er für billiges Geld Händlern ab, denen solche Kostbarkeiten eine Nummer zu groß waren. Pete beschrieb Ong Loan eine seiner neuesten Erwerbungen, der beugte sich vor und drehte den Kopf ganz leicht. Er vergaß zu rauchen. Offenbar war auch er ein Kenner.

Ich konnte ihnen nicht folgen. Zwecklos, es zu versuchen. Wie Shaw konnte ich nur zuschauen, und meistens beobachtete ich Pete. Mehr denn je beeindruckte mich seine Geschmeidigkeit, nicht nur im Fluß seiner Worte, sondern auch in den Bewegungen seiner Hände und dem Zug um seinen Mund; wie er aß und seinen Tee trank; seine ausgefeilten Höflichkeiten. Er tat all das mit großer Geste und offensichtlichem Vergnügen. Es war umwerfend, wie glücklich und selbstsicher er sich im Bewußtsein der Bewunderung dieser Leute gab, wie nonchalant er sich an diesem fremden Ort zu Hause fühlte, umgeben von verblüfften Dorfbewohnern. Dabei fiel mir auf, am meisten Vergnügen hatte er nicht etwa daran, wie er die Situation beherrschte, sondern daran, daß wir es beobachteten.

Ich schaute ihn an und begriff, warum er uns hierher gebracht hatte. Er wollte, daß wir sahen, mit welcher Leichtigkeit er seinen Platz unter diesen Menschen einnehmen konnte, er war wie einer von ihnen und doch wieder nicht, aber auch nicht ganz einer von uns. Er war mehr als beides zusammen. Und zu dieser Demonstration seiner Meisterschaft gehörte, daß sie uns abgesprochen wurde, daß wir hilflos gemacht und in die Zuschauerrolle gedrängt wurden.

Pete hätte es natürlich nicht so gesehen. Er dachte wahrscheinlich, er würde Shaw wertvolle atmosphärische Eindrücke vermitteln. Doch ob er es wußte oder nicht, bei der ganzen Nummer ging es um nichts anderes: um das perfekte Vietnamesisch, um den Drang, die Ehrfurcht der Ortsansässigen zu erwecken, um das lässige Spiel mit dem Leben, um die Porzellankollektion, um das verdammte schwedische K-Gewehr. Es ging ihm um Selbststilisierung.

Wir tranken weiter Tee. Mir schlief der Hintern ein, mein Rücken tat weh, die Beine brannten vor Verkrampfung von dem endlosen Schneidersitz. Doch ich sagte nichts. Shaw zeigte allmählich erste Anzeichen von Ungeduld, und ich dachte mir schon, daß er als erster schlappmachen würde. Er rutschte knarrend hin und her. Als er Petes Aufmerksamkeit nicht auf sich ziehen konnte, stand er einfach auf.

Pete hob die Hand, um zu sagen: ich hab's gesehen, redete aber weiter.

»Ich bin soweit«, sagte Shaw.

»Wir sind fast fertig«, sagte Pete.

»Ich bin jetzt soweit«, sagte Shaw.

Pete erging sich in aufwendigen Entschuldigungen für die ihm aufgezwungene Hast des Aufbruchs, Entschuldigungen, die Ong Loan auch nur zu hören ablehnte. Er sprach mit einer der Frauen hinter uns, sie verließ das Zimmer und kam mit einer blau-weißen Schale auf einem Holzfuß zurück, ungefähr von der Größe einer Reisschale. Ong Loan machte sie Pete zum Geschenk. Pete versuchte, sie zurückzugeben, und als ihm das nicht erlaubt wurde, schloß er die Augen, machte eine tiefe Verbeugung über der Schale und begann, von Ong Loans unvergleichlicher Großzügigkeit zu sprechen. Es sah aus, als dürften wir die tiefste Dankbarkeit eines Mandarins miterleben. Ich sammelte unsere Waffen und Munition ein. Shaw folgte mir nach draußen in den Regen.

»Was sollte das denn sein?« sagte Shaw.

»Das müssen Sie Pete fragen«, antwortete ich. »Mir ging das zu schnell.«

Wir saßen im Landrover und hörten dem Regen zu, der auf das Leinwanddach prasselte. Der Wind frischte auf. Der Regen fiel heftiger. Der Himmel verdüsterte sich, und ein großer Vorhang aus Wasser, der einem die Sicht nahm, platzte gegen die Windschutzscheibe. Früher Nachmittag, und der Himmel war schwarz wie die Nacht.

Durch die regenverschwommene Scheibe sah ich Pete auf die Türschwelle treten. In einer Hand hielt er ein Päckchen. Er warf einen prüfenden Blick zum Himmel, dann rannte er zum Landrover. Shaw stieß ihm die Tür auf, und Pete ließ sich lachend hereinfallen, bis auf die Haut durchnäßt. Er gab mir das Päckchen nach hinten. »Bewach das hier mit deinem Leben«, sagte er. »Es ist mehr wert.«

»Nicht zu fassen, dieses Mordsgewitter«, sagte Shaw.

»So schlimm ist es nicht«, sagte Pete. »Das zieht schon wieder ab.«

Er fuhr schnell, über das Steuer gebeugt, in die Dunkelheit hinein. Unsere Scheinwerfer schimmerten uns aus der glasigen Wand des fallenden Regens entgegen. Der Regen trommelte auf das Wagendach. Die Luft im Rover wurde stinkig und dunstig; Pete mußte immer wieder die Scheibe mit seinem Ärmel abwischen. Ich konnte nicht gut genug sehen, um unsere Position auf der Karte zu finden, aber das machte auch nichts, weil das Funkgerät nicht funktionierte. Nichts als Rauschen.

Pete warf mir durch den Rückspiegel einen Blick zu. »Warum so finster?«

»Wer ist denn finster? Was hat Ong Loan denn so erzählt?«

»Ong Loan«, wiederholte er nachdenklich. »Ein Original. Ein echtes Original.«

»Und, was gibt's Neues? Siegen wir?«

»Ich hab für dich was Neues«, sagte er. »Sitzt du gut?« Als ich nicht antwortete, griff er nach hinten und schüttelte meine Stiefel.

»Na los, Junge! Laß mal ein bißchen Begeisterung sehen! Onkel Pete hat für dich gearbeitet!«

Ich wartete ab.

»Heute morgen habe ich mit General Reed gesprochen. Er wird sich um dein Problem kümmern.«

»Nämlich welches?«

»Daß du den ganzen Spaß verpaßt. Pack deine Koffer, großer Junge – du bist auf die Party eingeladen.«

Ich sagte: »Ich weiß nicht so genau, ob ich dich richtig verstehe.«

»Aber sicher tust du das.«

Er hatte recht, ich verstand ihn. Ich wartete einen Augenblick, dann sagte ich: »Was, ich werde versetzt?«

»Der Junge schnallt das so fix wie eine Mausefalle«, sagte Pete zu Shaw.

Shaw drehte sich zur Seite und schaute Pete an, als hätte er ihn noch nie gesehen.

»Bis Ende der Woche müßtest du deine Order haben«, sagte Pete.

»Wohin?«

»Richtung Norden. Hochinteressanter Posten, gerade freigeworden. Ein Spezialistenteam der Green Berets.«

Ich lehnte mich nach vorn zwischen die Sitze. »Das hast du schon fest verabredet? Es ist endgültig?«

»Der Deal ist durch. Du kannst aus dem Plaza auschecken.«

»Du hättest mir mal was davon sagen können.«

Pete antwortete nicht.

Ich lehnte mich wieder zurück.

Zehn Monate lang hatte ich mir nun ständig gesagt, daß ich für mein Glück nichts konnte, egal wieviel es war. Ich hatte mich für das komplette Programm freiwillig gemeldet, und sie hatten beschlossen, mich hierhin zu schicken. Diese Tatsache hatte es mir ermöglicht, mich halb von dem Verdacht freizusprechen, den bisher ich allein aufrechterhielt, nämlich, daß ich mich die ganze Zeit drückte. Doch jetzt wurde es ernst. Dies war eine Chance, mich zur Verfügung zu stellen und jeglichen Zweifel beiseitezufegen, doch ich merkte, ich hatte nicht den Mut. Diese Erkenntnis war demütigend. Ich stand schutzlos vor mir selbst da.

Wir fuhren durch einen Weiler. Ein alter Mann stand gebeugt in einer Tür und rauchte. Amerikanische Stimmen durchbrachen das Gewirr im Funkgerät, dann verblaßten sie wieder.

»Pete? Ich würde gern mit dir darüber reden.«

»Was ist los?« sagte Pete. »Angst, die großen Geschütze hinter dir zu lassen?«

Shaw starrte geradeaus. Ich hatte das Gefühl, er würde sich am liebsten in Luft auflösen, um meine Intimsphäre nicht zu verletzen – als wäre ich nackt.

Ich sagte: »Könnten wir ein paar Worte darüber wechseln?«

»Klar. So viele Worte du willst. Aber das läuft.«

Der Regen hörte auf, gleich nachdem wir das Bataillon erreicht hatten. Ich lud sie ein, noch eine Nacht zu bleiben, aber Pete wollte eilig nach Saigon weiter.

»Pete?« sagte ich. »Auf ein Wort.«

Shaw strebte auf die Hütte zu. »Ich bin dann drinnen«, sagte er.

Pete sah ihm nach, verwirrt und verletzt, als wüßten wir ihn nicht ausreichend zu schätzen. Es war sonnenklar, er erwartete von uns beiden Bewunderung für diesen Trick, einen Mann wie ein Jojo von einem Ende Vietnams zum anderen zu befördern, nur mit einem Telefonanruf.

»Du hättest besser mit mir geredet, bevor du das in Gang setzt«, sagte ich.

»Wir haben doch gestern abend geredet.«

»Ich habe nie gesagt, daß ich versetzt werden wollte.«

»Aber klar willst du versetzt werden! Daß du hier unten hängst, ist die reinste Verschwendung.«

»Hier bin ich hingeschickt worden. Ich mußte es drauf ankommen lassen wie alle anderen. Sie hätten mich überallhin schicken können. Sie hätten mich auf deinen interessanten Posten schicken können.«

»Das hätten sie mal tun sollen.«

»Haben sie aber nicht. Reiner Zufall, sie hätten mich genausogut nach Norden schicken können. So ist das eben gekommen.«

»Das war ein Fehler. Den bringen wir jetzt wieder in Ordnung. Du wirst mir noch dankbar sein. Das ist die Chance deines Lebens.«

»Das sehe ich anders.«

»Es braucht dir nicht zu gefallen«, sagte er. »Darum geht es nicht.«

»War reines Glück, daß ich es so weit geschafft habe.«

»Ist alles schon festgemacht«, sagte er.

»Gut. Alles festgemacht. Schon klar. Ich weiß nur nicht so genau, was ich da oben in zwei Monaten leisten soll. Hier unten habe ich länger gebraucht, um alles zu kapieren.«

»Zwei Monate? Wer hat was von zwei Monaten gesagt?«

»So lange geht mein Dienst noch.«

»Hör auf.«

»Weniger als zwei Monate.«

Er starrte mich an.

»Noch vierundfünfzig Tage und einmal Wecken«, sagte ich.

»Du bist schon seit zehn Monaten hier?«

»Zehn und ein paar gequetschte.«

»Warum hast du denn nie was gesagt?«

»Du hast nicht danach gefragt.«

»Ja, du meine Güte! Du kannst da nicht bloß für zwei Monate hin, da wirst du noch eingeübt, und dann willst du wieder heim. Da erfahre ich ja nie, wie es ausgegangen ist. Verlängern willst du wohl nicht?«

Ich schüttelte den Kopf.

»Also weißt du, General Reed war mir noch was schuldig, und er hat mir einen Riesengefallen getan mit dieser Stelle für dich da oben. Der ist jetzt futsch. Und wenn ich ihn das nächste Mal um was bitten muß, was dann?«

Ich hatte keine Antwort parat.

»Auch für vier Monate würde ich deine Versetzung noch durchziehen, das sag ich dir«, sagte Pete. »Zu deinem eigenen Besten.«

Als ich mich zum Duschen auszog, fand ich sein Päckchen in der Tasche meiner Drillichjacke. Ich legte es beiseite, dachte mir, beim nächsten Mal, wenn wir nach Saigon fuhren, würde ich Sergeant Benet damit bei Pete vorbeischicken. Doch am Morgen kam eine Nachricht über den Fernschreiber des Bataillons, mit der Anweisung, das Päckchen nochmals extra zu verpacken, zum Flugplatz von My Tho zu bringen und mit einem Expreß-Postsack abzuschicken. Die Nachricht endete mit den Worten: UNVERZÜGLICH ICH WIEDERHOLE UNVERZÜGLICH. Darauf folgten Petes Name und die Abkürzung und Postleitzahl seiner Dienststelle.

Ich holte das Päckchen aus meinem Spind und wog es in der Hand. Wenn ich in die gebauschte Verpackung kniff, konnte ich die Konturen der Schale ertasten. Ich wußte nicht mehr genau, wie sie aussah, ihre besonderen Merkmale und Muster, aber den Eindruck ihrer Schönheit hatte ich noch in Erinnerung. Ganz gewiß war jeder von ihrer Schönheit beeindruckt gewesen, als sie ins Zimmer gebracht wurde. Keiner hatte etwas gesagt; wir schauten nur zu, wie die Schale aus den Händen der alten Frau an Ong Loan und dann an Pete weitergegeben wurde. Daß es sich um eine Antiquität handelte, erkannte ich auf den ersten Blick. Das Blau war weich und wäßrig, das Weiß einen Hauch vergilbt wie altes Elfenbein. Wenn man sah, wie sie in einer Hand gehalten und dann in eine zweite Hand weitergereicht wurde, begriff man, daß sie zu diesem Zweck gemacht worden war: um weitergereicht zu werden. Petes Verbeugung war kinoreif gewesen, aber ich konnte es ihm nicht verdenken. Es war nur angemessen, daß er sich angesichts eines so antiken und wunderschönen Gegenstands vor Vergnügen verbeugte.

Ich legte das Päckchen auf den Boden und drückte mit dem Fuß drauf, bestrumpft, um bessere Kontrolle zu haben und keine Stiefelspuren zu hinterlassen. Sie war widerstandsfähiger, als ich erwartet hatte, aber klar, sie mußte ja etwas aushalten können. Wie hätte sie sonst all die Jahre überstehen können? Ich verlegte mehr und mehr Gewicht auf den Fuß, bis ich fast auf der Schale stand. Obwohl ich nicht hörte, wie sie zerbrach, zuckte es durch mein Bein – ein plötzliches, trauriges Wegsacken. Ich hob das Päckchen hoch und untersuchte es, um sicherzugehen, daß ich nicht nur den hölzernen Fuß erwischt hatte. Nein, es war die Schale. In mehrere Stücke zerbrochen. Ich wickelte das Päckchen in ein paar zusammengeknüllte Blätter aus dem *Stars-and-Stripes*-Magazin und schlug das Ganze in eine Schicht Packpapier ein. Dann nahm ich es mit zum Flugplatz. Ich befolgte Petes Befehl aufs Wort und tat es unverzüglich.

Also wirklich. Stimmt das mit der Schale? Hab ich das wirklich gemacht?

Nein. Niemals. Ich würde niemals einem anderen etwas Wertvolles wegnehmen – den Stolz seiner Sammlung, sagen wir, oder seinen eigenen Stolz – und so meinen Fuß daraufsetzen und es zertreten und zerbrechen.

Nein. Nicht mal zu seinem eigenen Besten.

Schwarzweißmalerei

Sergeant Benets Dienst endete einen Monat vor meinem. Ständig wurde mir ein Ersatzmann versprochen, aber es kam keiner, denn weiter nördlich brauchten die Einheiten nötiger welche. Am Tag vor Sergeant Benets Abreise hieß es, ich würde mindestens noch eine Woche warten müssen, und diese Neuigkeit machte mir nicht gerade gute Laune.

Sergeant Benet wollte nicht mit dem Hubschrauber nach Saigon geflogen werden, er wollte über die Straße fahren. Die Straße war schlimmer, allein von der Wahrscheinlichkeitsrechnung her. Auf dem Luftweg hatte er bessere Chancen, aber das wußte er natürlich genausogut wie ich. Es war nur so ein Gefühl von ihm. Wir schlossen uns einem amerikanischen Konvoi aus Dong Tam an und erreichten die Stadt am Tag, bevor Sergeant Benet abfliegen sollte. Es war Nachmittag, und wir hatten schon Verspätung, aber ich überredete ihn noch zu einem letzten Bier auf der Tu Do Street, bevor ich ihn zur Ausschleusung absetzte. Ich dachte mir, wir könnten vielleicht ein persönliches Gespräch führen. Statt dessen schauten wir uns ein vietnamesisches Mädchen in einem weißen Cowboyhut an, das wie Patsy Cline sang. Die Soldaten in der

Bar hörten ihr tatsächlich zu. Durch die Bank Weiße, käsekuchenweiß.

Es war ein Treff für weiße Rassisten. Ich brauchte einige Zeit, um das herauszufinden, da ich selber weiß war, und inzwischen erregten wir schon Aufmerksamkeit. Niemand sagte etwas, aber sie musterten uns unfreundlich von oben bis unten. Mir wäre das gleichgültig gewesen, wenn Sergeant Benet nicht so darauf reagiert hätte. Er sank in seinen Stuhl und zog sich in sein Inneres zurück, damit er weniger präsent wirkte, eine Art Friedensangebot durch Selbstverkleinerung. Er wirkte erschöpft und zugleich vollkommen würdig, aber ich fühlte mich wie ein Narr, und das wollte ich ihm auch sagen. Statt dessen sagte ich dann: »Ich hoffe, Sie wissen, wie sehr Sie mich vermissen werden.«

»Jawohl, Sir, das werde ich wohl.«

»Das war ein Witz.«

»Ich weiß.«

Das Mädchen sang gerade »Crazy«. Wir wandten uns wieder ihr zu.

Elf Monate lang hatten wir zusammengelebt. Jeden Morgen war Sergeant Benet in einem frischen Drillichanzug erschienen, unseren Tagesplan schon in der Tasche. Er nannte mich Sir. Er fand Beschäftigungen für uns, auch wenn es eigentlich nichts zu tun gab, und gab mir immer zu verstehen, welche Befehle ich ihm geben sollte, um die Fiktion meiner Autorität aufrechtzuerhalten. Ich wußte, daß er mir in allen wesentlichen Dingen überlegen war, aber er sorgte dafür, daß ich diese Erkenntnis für mich behielt, und er ließ sich auch nicht anmerken, ob er selbst es überhaupt ahnte. Falls doch, wäre unsere kaum zureichende Imitation einer sinnvollen Existenz in sich zusammengebrochen, das begriff ich alles schon. Aber ich hatte gehofft, ihm hier am Ende ein paar wahre Worte sagen zu können, ihm zu zeigen, daß ich wußte, wie der Hase lief. Ich wollte ihm nicht schmeicheln oder gar danken. Er sollte nur wissen, daß ich nicht blöd war. Und um das zu erreichen, hatte ich ihn in eine Redneck-Tränke geschleppt.

Sergeant Benet trank sein Bier aus. »Wird Zeit, daß wir einen Abgang machen«, sagte er.

Den restlichen Weg fuhren wir schweigend, wie es unsere Gewohnheit war. Als wir den Meldekopf zur Ausschleusung erreichten, ließ mich Sergeant Benet seinen Seesack durchs Tor tragen.

Ich stellte ihn neben ein paar andere. »Keine Ahnung, wie ich es da alleine aushalten soll«, sagte ich.

»Sie werden das prima machen, Sir«, sagte er.

»Vergessen Sie, daß ich's gesagt habe.«

»Bestimmt wird Ihnen jemand anders geschickt. Wieviel haben Sie noch, achtundzwanzig Tage?«

»Dreißig.«

»Dreißig Tage. Immer hübsch der Reihe nach, Sir, wie es so schön heißt.«

Ein Second Lieutenant kam zu uns und verlangte mit einem Fingerschnippen nach Sergeant Benets Order. Er überflog sie, und ohne aufzusehen, sagte er: »Sie sind spät dran.«

Ich war ranghöher als er. Ich hätte ihn die Hacken knallen lassen und zur Sau machen können, aber ich schwieg. Für alles, was ich jetzt sagte, würde Sergeant Benet später bezahlen müssen. Er gehörte nicht mehr mir.

Es war zu spät, um nach My Tho zurückzufahren, also mietete ich mich in einem Hotel nicht weit von Cholon ein. Auf dem Dach gab es eine Bar und einen garantiert malariaverseuchten kleinen Pool, dazu einen Musikpavillon, wo ein X-beiniges Mädchen in Gogo-Stiefeln zu verkratzten Schallplatten tanzte und mit ihrem männlichen Publikum redete. Von meinem Platz aus konnte ich eine Reihe Gebäude sehen, die bei den Tet-Kämpfen beschädigt worden waren, zusammengefallene Wände, dahinter möblierte Zimmer, wie bloßgelegte Bühnendekorationen.

Den Rest des Nachmittags trank ich einen Brandy nach dem anderen. Das war nicht meine Gewohnheit. Ich fühlte mich immer klüger und stärker. Mir fielen Dinge ein, die ich den Männern in der Bar, die es geschafft hatten, daß Sergeant Benet bereit war, sich klein zu machen, am liebsten gesagt und angetan hätte. Bei Sonnenuntergang ging ich ans Geländer und übergab mich. Ich stand da, während es Nacht wurde, und schaute den Leuchtkörpern zu, die über dem Fluß explodierten. Ich erkannte Leuchtspurgeschosse, die bei einer Brücke in der Ferne hin- und hergingen, aber das Geräusch verlor sich im Getöse der Straßen unter mir. Ich sah mich als interessante Gestalt, wie ich so mit der Pfeife im Mund in die Dunkelheit hinausstarrte. Ich rauchte eine Kaywoodie, die ich im PX-Laden gekauft hatte, um von den Zigaretten herunterzukommen. Die Pfeife, die Vorstellung von mir selbst beim Pfeiferauchen, allein an dem Geländer, vermittelte mir ein galantes und philosophisches Bild meiner Person. Ich rauchte also meine Pfeife und ließ den Blick über die Stadt schweifen, über die Menschen unter mir, denen ich mich überlegen fühlte, weil ich tiefe, dunkle Regungen in mir verspürte, von denen sie keine Ahnung hatten. In diesem Augenblick kam mir die Idee, in die Redneck-Bar zurückzukehren. Beim Gedanken an diesen Ort packte mich ein drängendes Gefühl, so als hätte ich die Pflicht, da wieder hinzugehen und diesen rückständigen Leuten beizubringen, was Konsequenz heißt.

Bis ich dort landete, dauerte es aber noch. Dazwischen lagen andere Ziele. Ich fand mich auf einem weiteren Hoteldach wieder, dem Rex, und stritt mit einem Hubschrauberpiloten über *Bonnie and Clyde*, fast bis zu Handgreiflichkeiten. Er fand die Gewalt darin überflüssig. Dann war ich in einer Spelunke in irgendeiner Seitenstraße. Darauf folgte noch eine Spelunke. Und schließlich die Redneck-Bar. Es gab einen ganz bestimmten Augenblick hellwachen Bewußtseins, daß ich dort war, obwohl ich mich nicht erinnern konnte, wie ich von der letzten Kneipe hergekommen war. Diese Nacht kannte keine Übergänge.

Ein Amerikaner stand auf der Bühne, sang und schrammelte auf einer akustischen Gitarre, deren schicke Intarsien im Scheinwerferlicht glitzerten. Er hatte langes, strähniges Haar und einen strähnigen, echt lächerlichen Bart. Die ganzen Rednecks stimmten ein, als er zur letzten Zeile kam: »Aus dieser Welt komm ich lebendig nicht mehr raus!« Die stampften doch tatsächlich auf den Boden und klatschten sich auf die Schenkel.

»Hey, du Käsekuchen«, sagte ich zu dem Burschen neben mir an der Bar. Er hatte ein langes, bleiches Gesicht und trug eine dicke Brille mit schwarzem, euligem Gestell. Er hielt eine Hand hinters Ohr und beugte sich rüber. »Wie bitte?"

»Blöder Käsekuchen!«

»Dusty!« Er zeigte auf den Sänger und schüttelte den Kopf, als wollte er sagen, Ist der Typ nicht klasse?

Ich schaute die Bar rauf und runter, um zu sehen, ob mich jemand musterte, damit ich sagen konnte: Was zum

Teufel glotzt du so? Dann zündete ich meine Pfeife an, lehnte mich zurück und fiel fast von meinem Barhocker. Mein Nachbar hielt mich am Arm fest. »Holla«, sagte er, »du siehst aber nicht besonders aus, Kumpel.«

»Krieg keine Luft.«

»Was?«

»Krieg keine Luft.«

»Alles okay?«

Ich schüttelte seine Hand ab und drängte nach draußen. Da stand ich in der Gasse auf der Rückseite des Lokals und lehnte mich an die Mauer, als mir das Schicksal ein paar willkommene Opfer vorbeischickte. Sie kamen aus der Bar, schauten sich um und fingen an, sich zu zanken. Einer war groß und hatte den Arm bis zum Ellbogen in Gips, neben ihm zwei Cowboys in identischen gelben Hemden mit Passen und Perlmuttknöpfen. Abgesehen von den Hemden sahen sie sich aber überhaupt nicht ähnlich. Einer hatte einen wilden roten Haarschopf und Affenarme, die weit aus seinen Ärmeln herausschauten. Der adrette Bursche neben ihm hatte einen kleinen Kopf, sein Aussehen war ebenso fein säuberlich wie seine Bewegungen, und er gefiel sich mächtig, so ordentlich wie er war. Im Mund hatte er einen Zahnstocher. Es ging mir auf die Nerven, daß die sich so anzogen, ohne Zwillinge zu sein.

»Also, da wären wir«, sagte der Rotschopf-Cowboy, »wo zum Teufel steckt Henry?«

»Der kommt schon«, sagte der Typ mit dem Gips.

»Er sollte hier sein. So war's verabredet.«

»Er kommt bestimmt. Immer mit der Ruhe.«

Ich fing an, »We Shall Overcome« zu singen.

Die beiden Cowboys redeten weiter über Henry, ob sie nun auf ihn warten sollten oder nicht.

Ich sang lauter. »We'll walk hand in ha-and, we'll walk hand in ha-and …«

Sie schauten mich an. Der mit dem Gips sagte: »Hast du ein Problem?«

»Ich bin ein Neger«, sagte ich.

Der adrette Cowboy nahm seinen Zahnstocher aus dem Mund, als wollte er etwas sagen, dann steckte er ihn wieder zurück.

Der Typ mit dem Gips sagte: »Da hast du wohl echt ein Problem.«

»Ich hab nicht den ganzen Abend Zeit«, sagte der Rotschopf.

»Ich auch nicht«, sagte der Adrette. »Wenn Henry glaubt, er könnte sich hier alles erlauben, dann vertut er sich aber mächtig.«

»Genau«, sagte der Rotschopf. »So sieht's nämlich aus.«

»Ich bin ein Neger«, sagte ich. »Und was macht ihr blöden Rednecks jetzt?«

»Ich könnte dir in den Arsch treten«, sagte der Typ mit dem Gips. »Wärst du dann zufrieden?« Er schwitzte unmäßig. Auf seinem glänzenden schwarzen Hemd waren weiße, salzige Striemen, und seine Augen standen vor wie bei einem Pferd.

Der adrette Knabe drehte sich zu mir und nahm seinen Zahnstocher heraus. »Schlaf dich aus, Kumpel«, sagte er. »Du bist hier irgendwie im Weg.«

»Ich war zuerst da«, sagte ich. »Du bist derjenige, der im Weg steht, Arschloch.«

Ich sah ihn nicht ausholen. Er kam aus dem Nichts und haute mir voll in die Fresse. Ich spürte, wie irgend etwas in meinem Mund zu Bruch ging. Ich muß zugeben, mein Mut war verflogen. Der große Kerl trat näher und schwang seinen Gips wie einen Schläger. Als ich mich duckte, packte der Rotschopf meinen Arm und verdrehte ihn hinter meinem Rücken. Dann nahm er mich so fest in den Schwitzkasten, daß ich mich nicht rühren konnte, ohne mir selber das Genick zu brechen. Seine Schimpansenarme waren wie Eisentaue. Und der adrette Cowboy schlug mich wieder auf den Mund, aufs Ohr, übers Auge. Er stand da und kickte meinen Kopf hin und her, während sein Kumpel mich festhielt. Er hatte nicht viel Kraft in seinen ordentlichen kleinen Händen, aber sie waren so hart wie Nüsse, und er ließ nicht locker. Ich hörte, wie der Typ mit dem Gips sich vor Lachen ausschüttete. Nach einer Weile fragte mich der Rotschopf, ob ich genug hätte. Ich nickte. Er ließ mich los, und ich kippte vornüber, die Hände auf den Knien, und versuchte, die Lungen voll Luft zu kriegen. Als ich mich wieder aufrichtete, beobachteten sie mich. Der Typ mit dem Gips lachte immer noch. Die anderen beiden waren auf der Hut. Ich drehte mich um und ging die Gasse in Richtung Straße.

Noch bevor ich meinen Kopf befühlte, merkte ich, wie die Beulen herauskamen. Ich bog um die Ecke, blieb stehen und untersuchte mich gründlich. Ich hatte Beulen auf der Stirn, oben auf dem Kopf, unter den Haaren. Aber meine Zähne machten mir die größten Sorgen. Da drinnen war irgend etwas zerbrochen und trieb in meinem Mund herum. Ich spuckte es in meine Hand, ein gezacktes schwarzes Ding. Ich untersuchte es eine Weile. Es war ein Splitter vom Mundstück meiner Kaywoodie. Das war mir eine Lehre, der Gegenwert dafür, zusammengeschlagen zu werden. Mit Pfeife im Mund würde ich jedenfalls keinen Streit mehr anfangen.

Trotzdem, es paßte mir gar nicht, diese Pfeife zu verlieren.

Ich drehte mich um und ging die Gasse wieder hoch. Als sie mich kommen sahen, drehten sie sich um und warteten. »Immer noch nicht genug?« fragte der Rotschopf.

Ich erklärte ihm, daß ich meine Pfeife vermißte.

Sie sahen zu, während ich nachschaute, den Boden in der Hocke absuchte, dann auf Händen und Knien. Und dann machten sie alle mit, sogar der Typ mit dem Gips. Wir waren zu viert auf allen vieren und tasteten uns durch den Schatten, tasteten die feuchten Steine ab. Keiner sagte ein Wort.

Plötzlich, nach einer Weile, brüllte der Rotschopf: »Hab sie!« Wir versammelten uns dort, wo er kniete. Er drehte die Pfeife in seiner Hand hin und her. »Kaputt«, sagte er traurig.

»Mundstück zerbrochen«, sagte ich.

Er gab mir die Pfeife. »Immer noch schön glänzend. Vielleicht kannst du sie reparieren lassen.«

»Ist noch Garantie drauf«, sagte ich.

»Klar, schick sie einfach ein«, sagte der Adrette.

Der mit dem Gips sagte »Ha!«, dermaßen bitter, daß wir ihn alle anschauten. »Dann kriegst du das Scheißerchen nie wieder zu Gesicht«, sagte er. »Die sagen bloß, Garantie kommt nicht in Frage, weil du dies nicht gemacht hast und das nicht gemacht hast. Irgendeine Formsache. Diese Schweine!«

Der Rotschopf stand auf und klopfte sich die Hände ab. »Klingt ja so, als wüßtest du da gut Bescheid.«

»Tu ich auch. Glaubt mir, ich weiß verdammt gut Bescheid.« Er sah von einem zum andern. Das hätte er uns mit allen Mitteln bewiesen, falls einer daran zweifelte.

»Ich glaube, Henry kommt gar nicht«, sagte der adrette Bursche.

Durch die offene Tür hörten wir Dusty, er sang »El Paso«. Wir schwiegen und lauschten, bis zum Schluß. *One little kiss, and Felina, good-bye.*

Souvenir

Unsere Geschütze waren am Rand eines Flüchtlingslagers aufgestellt. Von dem alten Dorf, das das Lager verschluckt hatte, waren nur noch ein paar Reste übrig – ein großes, luftiges Haus mit Schindeldach, das früher dem örtlichen Mandarin gehört hatte, und einige stämmig gebaute Hütten. Die neuen Behausungen waren aus Abfallholz, plattgewalzten Kanistern, Pappe, alter Persenning und Ponchos zusammengehauen worden. In offenen Gräben flossen die Abwässer zum Kanal, wo die Frauen wuschen und fischten. Es gab wenige Männer, und sie ließen sich ungern blicken. Diese Menschen hatten bei der Tet-Offensive ihr Heim verloren.

Das Bataillon hatte sein Hauptquartier im Haus des Mandarins aufgeschlagen. Ich lag ausgestreckt auf den Eingangsstufen, das Hemd ausgezogen, und briet in der Sonne. Eine gelbe Katze raste vorbei, von einer Horde Kinder gejagt. Ein Aufklärungsflugzeug kreiste gemächlich etwas weiter entfernt.

Captain Kale stampfte die Stufen herunter. Er war ein frisch angekommener Infanterieoffizier, der auf seine Versetzung zu einem anderen Bataillon wartete. Sie hatten ihn geschickt, damit er meine sogenannten Pflichten übernahm, bis ein Artillerieoffizier gefunden war, der mich ersetzte, aber das konnte dauern. Sergeant Benets Ersatzmann, derzeit auf Versorgungsauftrag, war fast zwei Wochen zu spät eingetroffen.

Captain Kale war enttäuscht über seinen Posten hier. Es waren nur noch ein paar Tage bis zu meiner Abreise, aber manchmal fragte ich mich, ob wir so lange durchhalten würden. Er vertrat energisch die Meinung, ich hätte meine Pflicht vernachlässigt. Ich hätte die Vietnamesen verwöhnt, fand er, statt sie auf das amerikanische Aggressionsniveau hochzudrillen. Sie hatten keinen Killerinstinkt, und Captain Kale beharrte steif und fest auf dem Killerinstinkt.

Er hatte ein rundes, glänzendes Gesicht, rosa wie gekochter Schinken. Das Gesicht eines weichen, kleinen Mannes, dabei war er groß und quoll vor lauter Muskeln auseinander. In den gelegentlichen Leerlaufphasen, wenn wir irgendwo festsaßen, auf einen Wagen warteten oder auf Major Chau, wenn die Kundschafter ein bißchen Schatten gefunden hatten und sich, die Mützen über den Augen, etwas hinlegten, dann bot Captain Kale Liegestütze im Hunderterpack. Gab es eine feste Mauer in der Nähe, machte er isometrische Übungen. Beim Training erzählte er mir, er wolle sein zukünftiges Bataillon zu einer Killer-Kampftruppe machen, anders als das hier, und wie gut es war, daß ich die Armee verließ, denn wenn jeder Offizier wäre wie ich, würde der Vietcong binnen einer Woche das Land in der Tasche haben.

Mein Schweigen ermutigte ihn nicht. Er betrachtete das Reden – »sagen, was man denkt« – als eine Form der Tapferkeit, »und dann sollen die Würfel fallen, wie sie wollen«.

Captain Kale hatte Schallplatten von Akkordeonspielern, damit kannte er sich aus. Er hatte gerade genug Vietnamesisch gelernt, um gebieterisch Befehle zu erteilen, aber jeder ignoricrte sie, zum einen, weil es Spaß machte, zum anderen, weil bekannt war, daß Major Chau, den er bereits unverzeihlich brüskiert hatte, derartige Disziplinlosigkeiten tolerieren würde. Er trug einen australischen Buschhut mit kleinen Korken, die von der Krempe hingen und vor seinen Augen hin- und herschaukelten. In seiner Freizeit bestellte er Artikel aus dem Katalog der Firma in Singapur, die heruntergesetzte Reproduktionen von bayrischem Kunsthandwerk verkaufte – Kuckucksuhren, Möbel aus Hirschhorn, Figurinen in Lederhosen, Bierkrüge mit volkstümlichen Sprüchen darauf. Mit diesen Dingen wollte er später sein Haus schmücken. Er habe sie schon gesehen, sagte er, und man merke kein bißchen, daß sie nicht aus Deutschland kamen.

Captain Kale ging die Treppe hinunter und blieb neben mir stehen. Er nahm mir die Sonne weg. Sein Gesicht schwamm vor Schweiß. »Was machen Sie da?« sagte er. »Tun Sie irgendwas?«

»Sehen Sie doch.«

»Ich brauche eine Schlinge«, sagte er.

»Eine Schlinge.« Ich setzte mich auf. »Und wofür brauchen Sie eine Schlinge?«

»Division will eins der Geschütze transportieren. Fragen Sie mich nicht warum, Auskunft negativ. Kein Mensch läßt einen Ton raus.«

»Wohin wird es gebracht?«

»Auskunft negativ. Es hieß bloß, fertigmachen zum Transport. Ein Chinook ist unterwegs.«

»Lieutenant Nanh ist der Quartiermeister. Das nächste

Mal, wenn Sie Ausrüstung brauchen, sprechen Sie doch mit ihm.«

»Hab ich ja. Er sagte, reden Sie mit Sergeant Tuy. Und Sergeant Tuy sagte, reden Sie mit Lieutenant Nanh. Wenn mir hier noch mehr Rumgerenne geboten wird, lasse ich ein paar Köpfe rollen.«

»Lieutenant Nanh hat die Schlingen.«

»Warum sagt er das verdammt noch mal nicht?«

»Vielleicht haben Sie ihn nicht richtig gefragt. Vielleicht haben Sie das Zauberwort nicht gesagt.«

»Vielleicht«, sagte er, »finden Sie in Ihrem Herzen das Zauberwort und sagen es für mich.«

»Das hatte ich gerade vor.« Ich knüpfte meine Drillichjacke zu und band Canh Cho vom Geländer los. Er hob seinen Kopf und zwinkerte. Sein Fell war mit dem roten, talkumfeinen Staub gepudert, der hier auf allem lag. Sein Schwanz klopfte einmal auf die Treppe.

Captain Kale schaute auf ihn herab. »Das ist keine Aufgabe für einen amerikanischen Offizier«, stellte er fest. »Diesen Leuten um den Bart zu gehen.«

»Sie sollten einen Dolmetscher beantragen.«

»Ja klar. Das kann ich gerade brauchen, einen Cong-Spion, der jedes Wort aufschreibt, das ich sage.«

Lieutenant Nanh saß in seinem Jeep und hörte Funksprüche. Ich fragte ihn, was im Feld geschehe. Bis jetzt nichts, sagte er. Ich sagte, die Kommunisten haben Angst vor uns. Er stimmte zu. Ich sagte, ein Chinook sei unterwegs, um eines der Geschütze abzuholen, und wir bräuchten eine Schlinge. Selbstverständlich, sagte er. Er rief einen Mann zu sich und ordnete an, er solle eine Schlinge holen.

Ich fragte, ob Captain Kale mit ihm gesprochen habe.

Lieutenant Nanh zuckte mit den Achseln und sagte: »Captain Kale.« Nur der Name, als würde das alles erklären. Dann drohte er Canh Cho mit dem Finger und schnalzte mit den Lippen. Der Hund wich zurück, so weit es die Leine erlaubte, und zitterte heftig.

Als ich mit der Schlinge zurückkam, versuchte Captain Kale, die Haubitze an einen Lkw zu koppeln, und schrie dem Fahrer Befehle zu: Vorwärts! Zurück! Links! Rechts! Klar, es war nicht einfach, präzise Rückwärts-Manöver mit einem Zweieinhalbtonner zu vollführen, wenn man von einem rotgesichtigen Riesen dirigiert wurde, der jedes Wort wie einen Fluch hervorstieß; aber ebenso klar war, daß der Fahrer nicht gerade sein Bestes gab. Von wegen, er spielte seinen Freunden bei der Geschützbedienung eine Farce vor, und während er den Lkw vor und zurück rucken ließ – manchmal neckisch nah am Kupplungshaken –, feuerten sie ihn an. »Stop!« brüllte Captain Kale. Der Fahrer kurbelte am Steuer und wirbelte noch mehr Staub auf. »Stop! Stop!«

Schließlich nahm der Fahrer den Gang heraus und starrte Captain Kale mit einem kalkuliert dümmlichen Blick an.

»Das reicht«, sagte ich auf vietnamesisch zu ihm. »Ich übernehme.«

Der Fahrer kletterte aus dem Führerhaus und verbeugte sich zum Applaus.

Captain Kale stapfte auf mich zu. »Was haben Sie dem Mann befohlen?«

»Ich glaube, ich sollte lieber fahren.«

»Haben Sie ihm befohlen, aufzuhören?«

»Er hatte augenscheinlich ein paar Probleme, Sie zu verstehen.«

»Ich sagte, haben Sie ihm befohlen, aufzuhören?«

»Jawohl, Sir.«

»Dieser Chinook kommt jeden Augenblick hier an, und dann ist dieses Geschütz bereit zum Abtransport.«

»Jawohl, Sir. Ich werde fahren.«

»Nein! Sie werden bloß Mist bauen. Ich fahre. Sie klinken das Geschütz ein.«

Das bekamen wir ohne Schwierigkeiten hin. Dann fuhr Captain Kale die Haubitze von ihrer Position weg zum Haus des Mandarins, vor dessen Hof er anhielt und den Motor abstellte. In der Mitte war der Hof noch offen, aber ein Ring von Hütten war ringsum aus dem Boden geschossen. Ich ging hin, als ein Trupp begann, das Geschütz auszuklinken. »Halt«, sagte ich. Die Soldaten unterbrachen ihre Arbeit. Bevor Captain Kale irgend etwas sagen konnte, erklärte ich ihm, daß wir mehr Platz brauchten.

»Bockmist. Der Platz reicht dicke. Der will doch nicht landen, der packt bloß das Geschütz ein und fliegt wieder weg.«

»Diese Hütten stehen zu nah.«

»Was hätten wir denn sonst noch?«

»Da wäre dieses Feld beim Kanal.«

»Zu sumpfig.«

»Wir könnten es probieren.«

»Der Lkw wird einsacken. Dann sitze ich richtig in der Patsche.«

»Na gut, dann die Straße. Wir können ein Stück aus der Stadt herausfahren und es da machen.«

»Keine Zeit. Hubschrauber ist unterwegs.«

»Der wird warten. Wie lange dauert das schon, zwanzig Minuten länger?«

»Keine Zeit, sag ich. Der Befehl lautet, das Geschütz

fertigzumachen, und es wird verdammt noch mal fertig sein.« Er befahl der Mannschaft, die Haubitze fertig abzukoppeln.

»Sie haben das noch nie gemacht, stimmt's?« sagte ich.

»Aber klar, da können Sie Ihren Arsch drauf wetten.«

»Nicht richtig.«

»Aber sicher.«

»Wann?«

»Halten Sie Ihren da raus, Lieutenant. Ich verbiete Ihnen, Ihren da reinzuhängen, klar?«

Als das Geschütz losgemacht war, ließ Captain Kale den Lkw wegfahren, während er die Schlinge anbrachte. Dann schoß er eine Rauchgranate ab. Frauen und Kinder versammelten sich vor den Hütten, um zuzusehen. Sie wußten, daß ihnen irgendeine Art Show bevorstand. Captain Kale hätte sie wegschicken sollen, er hätte das ganze Gebiet räumen lassen sollen, aber das sagte ich ihm nicht. Ich bot ihm auch nicht die Skibrille aus meinem Tornister an. Ich stand nur mit den anderen da und sah zu.

Die Geschützbedienung hörte es zuerst. Sie strafften sich und starrten in den Himmel, die Hände über den Augen. Dann hörte ich es auch, ein schwaches Flappen in der Luft. Einige Sekunden später kam der Chinook in Sicht, er flog hoch oben von Osten her ein, folgte dem Kanal bis zum Dorf, dann schwenkte er in einen langsamen Kreis über uns ein, selbst in dieser Höhe noch riesig, unwahrscheinlich riesig.

»Lieutenant?« sagte Captain Kale. »Huhuu, Lieutenant? Ob Sie wohl das Funkgerät bedienen könnten? Wenn Sie nicht zu beschäftigt sind? Denken Sie, das schaffen Sie, ohne totalen Mist zu bauen?«

Unser Funker hatte sich am Rand des Hofes niedergelassen. Ich hockte mich neben ihn und wählte die Frequenz der Luftunterstützung. Der Pilot gab schon unser Rufsignal. Ich antwortete ihm, und er fragte, ob das unser Rauch sei, den er sehe. Genau, sagte ich. Sie sind genau drüber. Er fragte, ob ich sicher sei, daß er da runter solle. Das will der Chef, sagte ich. Der Pilot sagte, es sehe ein bißchen eng aus, aber wenn das so abgemacht sei, würde er's schon hinkriegen.

Das war der Ausweg. Ich hätte den Chinook wegschicken und bitten können, in zwanzig Minuten wiederzukommen, dann hätte ich Captain Kale gesagt, der Pilot wollte bei dieser Enge nicht so nah runterkommen, und wir müßten auf die Straße ausweichen. Das hätte ich tun sollen, aber ich dachte nicht daran, und der Grund dafür war einfach: Ich wollte, daß Captain Kales Wille bis ins kleinste erfüllt wurde. Ich wollte, daß seine Befehle wortwörtlich ausgeführt wurden, ohne Korrektur oder Einschränkung, so daß alles, was geschah, auf sein Konto ging, auf seins und nur seins. Ich wollte unbedingt, daß diese Sache zu Ende durchgespielt wurde. Ich brannte darauf.

»Das will er«, sagte ich.

Der Chinook drehte mehrere Spiralen, sackte schnell, dann fing er sich wieder und ließ sich langsam, fast vergnüglich sinken, Zentimeter um Zentimeter, und sein ausladender, graubrauner Bauch wurde ganz allmählich größer, verfinsterte die Sonne, die von hinten eine feurige Kontur um den Rumpf zog und im Schwirren der Rotoren glitzerte. Der Schatten breitete sich am Boden aus, fiel über jedes nach oben gerichtete Gesicht. Die großen Rotoren peitschten die Luft, hämmerten hypnotisch und beharrlich weiter, ein Geräusch wie das Pochen eines Herzens in einem Stethoskop. Das Stroh auf den Dächern begann zu rascheln. Ich hielt meine Mütze fest. Die Frauen riefen ihre Kinder und zogen sie vom Hof weg. Ihr Haar wehte in dem immer steifer werdenden Fallstrom. Staub wirbelte um sie her. Hustend wichen sie zurück, wedelten mit den Händen vor ihrem Gesicht. Der Chinook tauchte ab, fing sich, nahm seinen gemessenen Sinkflug wieder auf.

Die Mitte des Hofes war leer, bis auf Captain Kale, der mit der Schlaufe in der Hand auf der Haubitze stand. Ich konnte ihn kaum erkennen, immer dichter wurde der aufgewirbelte Staub. Der Chinook befand sich in etwa zehn Metern Höhe und hangelte sich mit einer Reihe kurzer Hüpfer und Bremser allmählich auf den Boden zu. Die Rotoren peitschten die Luft nach unten und peitschten sie abermals nach unten, wenn sie vom Boden zurück nach oben gerauscht kam. Sie wurde wild, wütend, ein Chaos von Winden. Ein Mann rannte mit einem Kind unterm Arm aus einer der Hütten. Dann, als hätten sie auf ein Zeichen gewartet, quollen immer mehr Menschen aus den Türen, rufend, stolpernd, einige halb angezogen, mit Kindern und Kisten und Körben. Canh Cho fing an zu jaulen. Das Stroh löste sich auf den Dächern, klappte vor und zurück, dehnte sich und zerriß, wirbelte in den Strudeln, die ganze Luft war voll davon. Eine Blechplatte klatschte gegen eine Wand, brach ab, schepperte über den Boden. Ein großes Stück Sperrholz kam dahergeflogen. Ich hörte eine Hütte auf der anderen Seite des Hofes einstürzen. Der Chinook schwebte über der Haubitze, der Haken baumelte unter seinem Bauch. Captain Kale hob die Schlaufe über seinen Kopf. Der Haken war fast schon in Reichweite. Er hob die Schlaufe höher und machte einen Satz, verpaßte den Haken aber. Der Chinook ging ein paar Meter höher und hielt sich dort, hämmernd,

hämmernd, hämmernd. Noch eine Hütte krachte zusammen. Dann, fast im gleichen Augenblick, eine dritte. Sie fielen einfach auseinander. Der Schrott, aus dem sie gebaut waren, flog überall auf dem Hof herum. Der Chinook tastete sich wieder nach unten. Captain Kale zielte wieder mit der Schlaufe nach oben. Der Haken hing genau über ihm. Er konnte ihn nicht verfehlen. Er verfehlte ihn. Und noch mal. Garantiert sah er vor lauter Staub nichts mehr. Ich stand auf und setzte mich in Bewegung, aber genau in diesem Moment hechtete er wieder nach dem Haken und erwischte ihn und sprang herunter. Seine Knie knickten weg, und er stürzte schwer. Der Chinook glitt nach oben, die Drahtseile knarrten, als sie sich um die Haubitze zusammenzogen. Das Geschütz schwebte frei, abrupt kippte sein Lauf nach unten und schaukelte zurück. Der Chinook kurbelte sich empor. Ich schützte meine Augen gegen den aufgequirlten Staub. Irgendwo vernahm ich ein lautes Krachen, das Wummern der Rotorblätter, den heulenden Canh Cho. Er hatte keine Sekunde damit aufgehört. Der Chinook erhob sich stetig weiter, mit dem baumelnden Geschütz darunter, vollführte eine schwerfällige Wendung und flappte über dem Kanal gen Osten.

Ich sah ihm nach, bis ich ihn nicht mehr hörte.

Im Hof war es still. Die Luft war ockerfarben. Ich sah mich um und betrachtete, was hier angerichtet worden war. Das war mein Werk, diese Zerstörung war direkt aus meinem Herzen gekommen. Kühl registrierte ich diese Erkenntnis, als wollte ich sie später untersuchen. Mir war klar, daß etwas Denkwürdiges geschehen war, aber ich hatte keine Ahnung, was die Erinnerung daran bedeuten würde: Sie lebte in mir weiter, und für lange Zeit machte sie es mir schwer, daran zu glauben, daß auch ich ein

Recht auf ein unantastbares Heim hatte. Noch viele Jahre später erfüllte mich diese Erinnerung mit der Gewißheit, daß mich irgendwann der unbarmherzige Flügelschlag der Gerechtigkeit treffen würde, bis heute.

Von all dem ahnte ich nichts. Ich fühlte Bedauern, vor allem aber Überraschung.

Captain Kale humpelte im Kreis herum, führte Selbstgespräche und rieb sich zornig die Augen. Er wirkte schwachsinnig. Ich ging auf ihn zu und sagte ihm, er solle mit dem Reiben aufhören, das mache es nur schlimmer. Er stand da, die Hände vor seinem Gesicht gespreizt, und zwinkerte heftig. Ich schraubte den Deckel von meiner Feldflasche und hielt sie ihm hin. Er packte sie, warf seinen Kopf in den Nacken und ließ das Wasser in seine offenen Augen laufen. Es floß an seinen Wangen herab, über den Hals und unter seinen Kragen, wusch blasse Streifen in den Staub, der seine Haut bedeckte. Seine Uniform war ganz rot von dem Zeug. Ich nahm einen Mundvoll Wasser, spuckte aus, nahm noch einen Schluck und sah mich um. Seine Augen waren beinahe zugeschwollen. »Mein Gott«, sagte er.

»Ganz schöne Bescherung, allerdings.«

Er reichte mir die Flasche zurück. »Als wäre hier eine Bombe eingeschlagen.«

»Nicht ganz«, sagte ich. »Eine Bombe ist wieder was anderes.«

Er gab keine Antwort. Er starrte die Frauen auf dem Hof an, wie sie durch die Trümmer wateten. Sie schienen zu wissen, welches Stück Holz ihnen gehörte, welcher Fetzen Blech. Es gab keinen Streit unter ihnen. Ich bemerkte ein ungerahmtes Bild, das ein bißchen weiter weg lag, ging hin und hob es auf. Das Bild eines Mädchens. Steifes

Papier mit Eselsohren, vergilbt. Captain Kale wollte es sehen. Ich blies den Staub weg und hielt es ihm hin. Wir musterten es gemeinsam. Ein sepiabraunes Porträtfoto eines jungen Mädchens in einem weißen Ao Dai, das aufrecht vor einer gemalten Kulisse aus hängendem Weinlaub saß, im Schein der Mondsichel. Ihre Hände lagen in ihrem Schoß. Ihr Gesichtsausdruck war ernst und träumerisch.

»Das muß eine von diesen Mama-sans sein«, meinte ich.

Er schaute hoch, auf die Frauen, die rings umherliefen. »Sie glauben, das ist eine von denen?«

»Denke schon.«

Captain Kale nahm das Bild mit und zeigte es einer der Frauen, aber sie wollte nicht hinsehen. Als er sie am Arm berührte, wandte sie sich ab und ging wieder an ihre Arbeit. Er hielt das Bild einer anderen Frau hin, auch sie wollte es sich nicht anschauen. Keine von ihnen. Eines Tages würde das Foto in seinem bayerischen Trophäenkoffer landen, zusammen mit seinem Chicom-Gewehr und der Vietcong-Flagge und den ganzen Medaillen, für die er sich noch ins Gespräch bringen mußte. Aber das wußte Captain Kale in diesem Augenblick nicht. Er war neu hier. Er ging von einer Frau zur nächsten, bettelte sie an, sich das Foto genau anzuschauen, hielt es ihnen hin, als bewiese es etwas Bedeutsames. Seine Stimme brach, er klang, als wäre er den Tränen nahe, aber sie blieben taub und blind ihm gegenüber. Sie wollten nicht hinsehen, sie wollten nicht hinhören, und sie hätten ihn sowieso nicht verstanden. Er sprach ja Englisch.

Der rauhe Humor der Soldaten

Meine letzte Nacht in My Tho. Die Offiziere des Bataillons gaben eine Abschiedsparty für mich. Wir begannen den Abend in einer Bar in der Stadt, dann zogen wir weiter zu Major Chaus Haus zum Abendessen. Madame Chau war nirgendwo in Sicht, auch keines der Kinder. Als wir uns alle versammelt und im Kreis am Boden hingesetzt hatten, klingelte Major Chau einmal, und eine junge Frau kam herein. Sie trug sehr viel Make-up, geradezu zeremoniell, das Gesicht war weiß, die Wangen voller Rouge, die Lippen rot angemalt. Ihr Parfüm war schwer und süß. Major Chau stellte uns die junge Frau als seine Nichte vor, Miss Bep. Sie verbeugte sich, dann nahm sie ein Tablett mit Brandygläsern von einer Anrichte und ging um den Kreis der Männer herum und reichte mit niedergeschlagenen Augen jedem von uns eines. Captain Kale nahm sein Glas und dankte ihr, und sie kam ohne ein Wort zu mir, doch ganz nebenbei warf sie noch einen Blick zurück auf ihn, der ein Lächeln hätte sein können; er war zu schnell verflogen, um das zu beurteilen. Mir präsentierte sie ein vollkommen ausdrucksloses Gesicht.

Dann machte sie mit einer großen Flasche Martell die

Runde und füllte unsere Gläser. Wieder schaute sie Captain Kale an, wieder lächelte sie, diesmal unverkennbar.

»Was ist Ihr Geheimnis?« fragte ich ihn.

»Lassen Sie das«, antwortete er.

Captain Kale hatte eine Ehefrau, der er treu bleiben wollte.

Miss Bep brachte die Flasche zur Anrichte zurück und nahm den leeren Platz zu Major Chaus Rechten ein. Dies war das erste Mal, jedenfalls für mich, daß eine Frau sich einem Kreis von Offizieren anschloß, statt zu servieren und sich dann zurückzuziehen. Captain Kale betrachtete sie mit einer rüden, unbewußten Starrheit. Keiner achtete darauf. Das Zimmer war blau vom Rauch, laut von den Prahlereien und Schimpfwörtern. Töpfe schepperten in der Küche.

Wir leerten unsere Gläser, und Miss Bep machte eine neue Runde mit dem Martell. Captain Kale gab sie mehr als allen anderen. Als sie den Platz neben Major Chau wieder einnahm, lehnte sie sich zu ihm und flüsterte in sein Ohr.

Major Chau beugte sich vor. »Meine Nichte sagt, der amerikanische Captain sieht sehr gut aus.«

Captain Kale rutschte hin und rutschte her. Für seine aufgepumpten Backen war der Lotossitz eine Qual. Auf dem Rücken seines Hemdes waren feuchte Flecken zu sehen, unter seinen Armen immer größer werdende Ringe. Sein rosa Gesicht glänzte. »Bitte übermitteln Sie Miss Bep mein Kompliment für ihr äußerst hübsches Aussehen«, sagte er und nickte ihr zu. »Miss Bep ist sehr schön.«

Die anderen Offiziere pfiffen und klatschten sich auf die Schenkel, als Major Chau das übersetzte. Miss Bep sagte ihm wieder etwas ins Ohr.

»Meine Nichte sagt, der amerikanische Captain sieht aus wie der große Fred Astaire.«

Und Miss Bep sagte noch etwas zu Major Chau.

»Meine Nichte fragt, ob der große Astaire seine Ginger Rogers hier in My Tho gefunden hat?«

»Nein«, sagte Captain Kale auf vietnamesisch.

Major Chau stand auf und ging zu der Stereoanlage, die Sergeant Benet und ich für ihn im PX-Laden gekauft hatten. Er legte »I'm sorry« von Brenda Lee auf und machte Captain Kale ein Zeichen, aufzustehen. »Es wäre meiner Nichte eine Ehre, mit dem großen Astaire zu tanzen«, sagte er.

»So groß bin ich gar nicht«, meinte er, stand aber auf und ging zu Miss Bep hinüber. Er streckte seine Hand aus. Sie ergriff sie, erhob sich leichtfüßig und schwebte, ohne zu zögern, in seine Arme. Sie tanzten mitten in unserem Kreis, wiegten sich zu der Musik, bewegten kaum ihre Füße. Zuerst sah sie zu ihm auf, dann ließ sie langsam ihren Kopf an seine Brust sinken. Ihre Augen waren geschlossen. Ich konnte sehen, wie ihre Finger in seinem Nacken spielten. Dann schloß auch Captain Kale die Augen, und sein Gesicht wurde freundlich und ruhig. Er war wie ausgewechselt. Die vietnamesischen Offiziere beobachteten ihn mit einer seltsamen Konzentration. Major Chau rollte seine Schultern im Takt und formte lautlos Wörter, während er noch mehr Singles auf dem Plattenteller stapelte:

They tell me
Mistakes
Are part of bein' young
But that don't right
The wrong that's been done …

Nachdem der Song geendet hatte, wiegten Captain Kale und Miss Bep weiter zu ihrer eigenen Musik, dann wachten sie auf und traten erschöpft auseinander, ihre Hand immer noch in seiner. Die Offiziere feuerten sie mit Rufen an. Ich machte mit, obwohl ich vor Neid und Verständnislosigkeit fast durchdrehte. Eine Platte fiel herunter, die Nadel rauschte, Connie Francis fing an zu singen.

Evening shadows make me blue
When each weary day is through

»Sie brauchen mehr Platz«, sagte Major Chau. »Hier drinnen sind zu viele Leute. Kommen Sie.« Er winkte Captain Kale und zeigte auf die Tür, die zum hinteren Teil des Hauses führte. »Kommen Sie!« Captain Kale sah ihn an, sah Miss Bep an. Sie hielten sich immer noch bei den Händen. Sie lächelte ihm auf ihre gespensterhafte Weise zu, dann führte sie ihn aus dem Kreis und durch die Tür hinter Major Chau. Der Major kam zurück, nahm seinen Platz wieder ein und klingelte wieder. Zwei alte Frauen trugen Tabletts aus der Küche herein.

Während wir unsere Teller füllten, erhob Major Chau sein Glas und brachte einen Trinkspruch auf mich aus. Er lobte meine unbeugsame Feindseligkeit gegen die kommunistischen Aufständler, meine Fähigkeit als Menschenführer, meinen rückhaltlosen Mut in der Schlacht. Er sagte, meine Anwesenheit hier hätte dem Vietcong einen Schlag versetzt, von dem er sich niemals erholen würde. Während all dessen behielt Major Chau einen Ausdruck tiefster Ernsthaftigkeit bei, die anderen Offiziere genauso. Als er fertig war, ließ der Adjutant einen noch hochtrabenderen Trinkspruch los. Jetzt stopften sie sich alle voll, nur der Adjutant nicht – und ich natürlich. Das gehörte zu dem Zeremoniell dazu. Solange der Trinkspruch auf mich ausgebracht wurde, hatte ich dazusitzen und mit einem Ausdruck von Demut und Dankbarkeit zuzuhören. Lieutenant Nanh sprach als nächster. Dann trat ein anderer Offizier an seine Stelle.

Ich hatte Hunger. Irgendwo hinten im Haus tanzte Captain Kale Blues mit Miss Bep. Die Trinksprüche gingen weiter.

Ich hatte etwas Ähnliches erwartet, aber mir war nicht klar gewesen, wie zäh es war, die Vorstellung abzusitzen. Hinter dem Einverständnis, daß all dies ein Scherz war, gab es ein weiteres Einverständnis: nämlich daß es überhaupt kein Scherz war und daß ich während meiner Zeit hier nichts weiter geschafft hatte, als am Leben zu bleiben. Ihr satirisches Lob schuf durch seine Doppelbödigkeit ein Bild von mir, dem ich zu gleichen fürchtete: das Bild eines Mannes, der sich versteckte.

Schließlich hörten sie auf und ließen mich essen. Frühlingsrolle, klare Suppe, Fisch und Reis, Nudeln vermischt mit Sprossen und Blattgemüse und zarten Fleischwürfeln. Auf dem Plattenspieler lief »Where's This Place Called Lonely Street?«. Ich war fast mit meinem ersten Teller fertig, als ich aus dem hinteren Teil des Hauses einen Aufschrei hörte. Die Offiziere schraken hoch und warfen einander flüchtige Blicke zu. Schweigen. Dann noch ein Schrei – eigentlich ein Brüllen – und Captain Kales Schritte in unsere Richtung. Er stampfte ins Zimmer und stand da, starrte mich an, kreidebleich im Gesicht. Sein Mund war lippenstiftverschmiert. Er hielt seine Hände zusammengekrampft vor sich wie ein mitten im Lauf erstarrter Läufer. Ich sah ihn an, er sah mich an. Dann gab Lieutenant Nanh ein schluchzendes Geräusch von sich und fiel seitwärts zu Boden. Er strampelte mit einem Fuß wie ein schlechter Schauspieler, der toter Mann mimt, und stieß eine Schale Reis um. Major Chau ließ eine Reihe schriller Heuler ertönen – huu huu huu –, und dann krümmten sich alle miteinander. Sie jaulten und kreischten und hämmerten auf den Boden. Captain Kale verzog keine Miene.

»Wußten Sie, daß das ein Kerl war?« sagte er.

Ich war zu überrascht, um zu sprechen. Ich schüttelte den Kopf.

Er sah mich mit voller Konzentration an. Dann sagte er: »Falls ja, hätte ich Sie umgebracht.«

Ich begriff, daß er es ernst meinte. Um Haaresbreite, noch einmal.

Captain Kale schaute sich die anderen an, als wären sie gerade erst in dem Zimmer aufgetaucht. Er ging um sie herum und zur Tür hinaus. Nachdem der Jeep gestartet und abgefahren war, konnte ich nicht anders, ich mußte beim Essen ein paarmal lachen. Die Offiziere versuchten die ganze Zeit, sich zusammenzureißen, aber jedesmal, wenn sie mich ansahen, prusteten sie wieder los. Zuerst machte ich mit, um kein Spielverderber zu sein, außerdem dachte ich, sie würden bald das Interesse verlieren, aber inzwischen waren sie in einem Zustand, wo alles, was ich tat – ob ich mein Essen aufspießte, die Gabel zum Mund führte oder kaute –, sie zu Lachstürmen hinriß. Schließlich gelang es Lieutenant Nanh, sich aufrecht hinzusetzen und wieder zu Atem zu kommen. Er betrachtete mich, wie ich mir den Teller ein weiteres Mal mit Nudeln und Fleischwürfeln vollpackte. *»Bon appétit«*, sagte er.

»Schmeckt gut«, sagte ich. »Was ist das eigentlich?«

Er kippte auf den Rücken und ließ einen Heuler los.

Da lag er, strampelte mit den Füßen und keuchte lautlos. Ich schaute auf meinen Teller. »O nein«, sagte ich. »Das haben Sie nicht getan.«

Aber natürlich hatten sie genau das getan. Was konnte ich auch sonst erwarten? Was hatte *er* sonst erwarten können, mit einem Namen, der Hundegulasch bedeutete? Dieser Köter hatte ein besonders starkes Karma gegen sich, weitaus stärker als mein halbherziges, sentimentales Einschreiten. In Augenblicken der Klarsicht hatte ich gewußt, daß er so enden würde. Er wußte es selber, auf seine Hundeweise, und dieses Wissen hatte ihn grämlich, trüb, hoffnungslos gemacht. Er trug sein Leben wie eine Last und zitterte davor, es zu verlieren. Ich hatte über seine Zukunftsaussichten gegrübelt. Die Sorge war ich jetzt los. Und er auch. Zumindest lag eine gewisse Großzügigkeit in diesem Ende, eine Art Gegenseitigkeit. Ich hatte ihn gefüttert, jetzt fütterte er mich, und zwar, wie ich sagen muß, auf durchaus schmackhafte Weise.

Es blieb mir nur eine Möglichkeit, ihm Gerechtigkeit zuteil werden zu lassen. Ich beugte mich über meinen Teller und putzte ihn weg.

Teil Drei

Zivilist

Am Tag, nachdem ich in Oakland aus dem Flugzeug gestiegen war, wurde ich entlassen. Der Personaloffizier fragte, ob eine zweite Dienstzeit für mich in Frage komme. Ich könne als Captain zurückkehren, meinte er. Captain? fragte ich. Captain von *was*?

Er versuchte nicht, mit mir zu diskutieren, ich durfte nur zuschauen, wie er in aller Seelenruhe mit den Aktenordnern auf seinem Schreibtisch herumfuhrwerkte, bevor er mir meine Entlassungspapiere und mein Entlassungsgeld aushändigte. Ich kehrte zum Offizierswohnheim zurück und tigerte vollkommen verloren in meinem Zimmer auf und ab. Zum erstenmal seit vier Jahren hatte ich absolute Freiheit, meinem eigenen Plan zu folgen. Blöd nur, daß ich keinen hatte. Als das Putzkommando mich zum Gehen aufforderte, packte ich meine Sachen zusammen und nahm ein Taxi nach San Francisco.

Über eine Woche lang wohnte ich in einem Hotel im Tenderloin-Viertel, zog durch die Bars, schlief mich aus und wanderte in der Stadt umher. Ich hatte ein klares Bewußtsein davon, daß ich kein Soldat mehr war, aber ich empfand diese Veränderung nicht als Freiheit und

Vergnügen, wie ich es mir vorgestellt hatte, sondern als Ziellosigkeit und Einsamkeit. Nicht daß ich die Armee vermißt hätte. Das nicht. Doch seit dem Alter von achtzehn war ich Soldat gewesen, kein guter Soldat, aber doch ein Soldat, und schon durch diese Tatsache gehörte ich zu allen anderen Soldaten, selbst denen, die längst tot waren. Als ich beim Herumstöbern in einer Buchhandlung auf eine Briefsammlung von Südstaatentruppen aus dem Bürgerkrieg stieß, hörte ich ihre Stimmen, als hätte ich sie gekannt. In meiner neuen Lage aber war ich nichts Besonderes und gehörte zu niemandem.

An den Nachmittagen verordnete ich mir Gewaltmärsche, um Fishermen's Wharf, durch den Golden Gate Park und raus zum Cliff House. Ich spazierte in Haight-Ashbury herum, wo alles noch abgerissener aussah als vor einem Jahr, kläglich wie die Gesichter auf den Straßen, kaputt, trist. Schnüffelnde Typen in großen Mänteln kauerten in Hauseingängen und zischten die Passanten an, allerdings nicht mich; offenbar strahlte ich selber etwas Merkwürdiges aus. Keine »Umarm-Patrouillen« in Sicht. Ich kam einmal und nie wieder hierher.

Im Vorbeigehen entdeckte ich mich immer wieder überrascht in den Schaufenstern, eine ausgemergelte, hohläugige Gestalt in Freizeithemd und Khakihosen und einem meiner eckigen Sportsakkos aus Hongkong. Ohne Mütze oder Helm sah mein Kopf nackt aus, viel zu groß. Ich wirkte wie frisch geschlüpft, verwundert, ohne Vergangenheit.

Vielleicht war diese selbstauferlegte Quarantäne auch übertrieben. Keiner zwang mich, in einem heruntergekommenen Hotelzimmer in San Francisco zu wohnen und allein vor mich hinzubrüten; ich hätte nach Washington fahren können. Meine Mutter und mein Bruder gaben mir mehr als deutlich zu verstehen, wie gern sie mich zu Hause begrüßt hätten, genauso meine Freunde und auch Vera. Sie hatte sich von Leland getrennt, kaum daß sie miteinander angebändelt hatten, und aus ihren letzten Briefen ließ sich herauslesen, daß sie es noch einmal mit mir versuchen wollte. Ich brauchte nur in ein Flugzeug zu steigen, und binnen Stunden konnte ich von meinen Freunden umgeben sein; ich hatte doch immer gefürchtet, genau diese Leute nie im Leben wiederzusehen. Aber ich rührte mich nicht vom Fleck.

Ich betrachtete meine Freunde und Familie als einen Kreis, und genau dieses Bild lähmte mich und ließ mich bleiben, wo ich war. Es erschien mir unmöglich, den Mittelpunkt dieses Kreises einzunehmen. Dem fühlte ich mich nicht gewachsen. Es war mir moralisch peinlich. Warum ich das so empfand, konnte ich nicht erklären, aber ein Gefühl der Unzulänglichkeit lastete auf mir, fast wie ein Fluch. In Vietnam war mir das kaum aufgefallen, aber hier, unter Menschen, für die Brutalität und Korruption nicht selbstverständlich waren, hier begriff ich, wie normal beides für mich geworden war, und das entfernte mich von ihnen. Ich sagte furchtbare Dinge, ohne es zu merken, bis ich die Reaktionen sah. Mein Lachen klang bitter und höhnisch, sogar in meinen eigenen Ohren. Wenn sich jemand mit den einfachsten Fragen nach mir erkundigte, wurde ich kühl und verschlossen. So einsam ich war, ich sorgte verdammt noch mal dafür, daß sich nichts daran änderte.

Einmal fuhr ich mit dem Bus rüber nach Berkeley. Ich hatte mir überlegt, mich dort für den Herbst zu immatrikulieren, und mir war eingefallen, daß ich vielleicht einen Anspruch auf verbilligte Aufnahme- und Studiengebühren anmelden konnte, weil mein Vater seinen Wohnsitz in Kalifornien hatte. Es war gar nicht so leicht, zweifelsfreie Informationen über den Alten zusammenzukriegen, aber da der Staat ihn über zwei Jahre lang hinter Schloß und Riegel gehalten hatte und er seither auf Bewährung draußen war, dachte ich mir, daß man sich zumindest bei seinem Wohnsitz problemlos einigen konnte.

Ich kam nie bis zum Immatrikulationsbüro. Auf der Sproul Plaza gab es eine Menschenansammlung, und ich blieb stehen, um einem Redner zuzuhören, dann noch einem. Obwohl die Sonne schien, begann ich in der steifen Brise der Bay zu frieren und setzte mich an eine Hecke. Der zweite Redner verlas eine Liste von Forderungen an Präsident Johnson. Die Leute liefen herum, aßen, warfen Frisbees für Hunde mit Tüchern um den Hals. Auf einer Decke neben mir ließen ein Bärtiger und eine laszive Chinesin einen Joint hin- und hergehen. Das Mädchen war wunderschön.

Das übersteuerte Mikrofon blökte immer wieder in die Rede hinein, aber ich bekam sie in großen Zügen mit. Rückzug unserer Truppen aus Vietnam. Anerkennung von Kuba. Sofortige Ablösung aller Studentendarlehen. Solange dic Forderungen nicht erfüllt seien, verkündete der Sprecher, herrsche der totale Krieg zwischen ihm und der Regierung der Vereinigten Staaten.

Ich mußte laut lachen.

Der Bärtige auf der Decke warf mir einen Blick zu. Er sagte etwas zu dem chinesischen Mädchen, das sich umdrehte und mich über ihre Sonnenbrille hinweg ansah, dann wieder auf ihre Ellbogen zurücklehnte. Ich fragte ihn, was er denn so interessant fände, und er antwortete irgend etwas Knappes, Abweisendes. Ich mochte es nicht, mochte nicht, daß er sich einbildete, mich einfach so mustern und beurteilen und dann abtun zu können, als existierte ich gar nicht. Ich sagte ein paar Worte, die ihm klarmachen sollten, daß er erst dann mit mir fertig sei, wenn ich mit ihm fertig war, und sofort stand er auf, und ich stand auf. Seine schöne Freundin zog ihn bei der Hand. Er ignorierte sie. Sein Mund bewegte sich unter dem Bart. Ich wußte kaum, was er sagte, aber ich verstand seinen Tonfall bestens, und er war unerträglich. Ich gab ihm Antwort. Ich hörte die Wut in meiner Stimme, und sie gefiel mir und trieb mich noch mehr an. Ich dachte nicht darüber nach, was ich sagte, ich sagte einfach, was mir einfiel. Ich haßte ihn. Wenn ich in diesem Augenblick sein Herz hätte abschalten können, ich hätte es getan. Dann sah ich, daß er verstummt war. Er stand da und starrte mich an. Ich hörte mich lauter verrücktes Zeug von mir geben, und mir wurde klar, noch während ich ihn weiter anbrüllte, daß er viel jünger war, als ich gedacht hatte, ein Junge mit roten Pausbacken, die sein spärlicher Bart nicht verbergen konnte. Als es mir gelang, mich zu stoppen, sah ich, daß mich die Umstehenden mitleidig betrachteten. Ich drehte mich um und ging mit hochrotem Gesicht Richtung Sather Gate.

Kurz nach Sonnenuntergang traf ich in Manhattan Beach ein und überrumpelte meinen Vater ein weiteres Mal. Er war im Bademantel und wollte gerade irgendeinen Tiefkühlmist in den Ofen werfen. Ich sagte, er solle das mal lieber wieder ins Eisfach tun und sich von mir zum Essen einladen lassen, in unser Restaurant vom letzten Jahr. Er sagte, er fühle sich nicht gerade toll, hätte sich vielleicht irgendwas eingefangen, aber nachdem wir ein paar Drinks intus hatten, ließ er sich von der belebenden Wirkung eines Abends unter Leuten überzeugen.

Also versuchten wir es noch einmal, und diesmal kriegten wir es hin. Wieder stopften wir uns mit Essen und Alkohol voll, und wieder blühte mein Vater zusehends auf vor Vergnügen und ließ jedem, der in Reichweite war, sein Wohlwollen zuteil werden. Das alte, volle Dröhnen kam wieder in seine Stimme; und er fing mit seinen Geschichten an, Geschichten aus seiner Jugend und von den Gefährten seiner Jugend, Rowdys, deren Taten, wenn er sie erzählte, geradezu Legendenstatus erlangten. Er ließ keine Gelegenheit aus, die heiligen Namen anzurufen (Deerfield; New Haven; Bones; der Racquet Club), aber diesmal überhörte ich die Texte und lauschte der Musik, die bestimmten Formen folgte und dabei irgendwie drollig war, selbst die wahrhaftigen Töne klangen wie eine Parodie. Ich fragte nicht nach Hadassah. Ich ließ ihn sich austoben. Ich stachelte ihn sogar an. Ich brauchte ihm nicht zu glauben; es reichte, über den Tisch hinweg zu schauen und ihn dort zu sehen, wie er in seinem eigenen Takt swingte.

Ich war nach Manhattan Beach zurückgekehrt, weil von nun an keine Urteile mehr zwischen meinem Vater und mir zu fällen waren, bestimmt begriff ich das damals schon. Mit seinem Streben nach Höherem war es vorbei, genau wie bei mir. Wir konnten einander nun gelten lassen, ohne die Verpflichtung, zu billigen, zu mißbilligen oder unsere Tugenden nachzuahmen. Das war Freiheit, und wir griffen beide danach, ohne zu zögern. Es war der schönste Abend, den wir je miteinander verbrachten.

Am nächsten Morgen bezahlte ich dafür. Und er auch, mehr als genug. Den ganzen Tag blieb er im Bett liegen, rotwangig und heiß, und da endlich begriff ich, daß er wirklich etwas ausgebrütet hatte. Ich rief seinen Arzt an, der noch am selben Abend auf dem Nachhauseweg bei uns hereinschaute, eine Grippe diagnostizierte und ein fiebersenkendes Mittel verschrieb. Er wollte kein Geld von mir annehmen, nicht nachdem mein Vater beiläufig erwähnt hatte, daß ich gerade aus Vietnam heimgekehrt war. Ich folgte dem Arzt bis zur Tür, beharrte, wedelte mit meiner Brieftasche, aber er wollte nichts davon hören. Als er weg war, ging ich zurück ins Schlafzimmer meines Vaters und sah, wie er lachte. Da fing ich auch an. Zwei alte Gauner.

An diesem Abend und dem folgenden Tag war er zu krank, um irgend etwas anderes zu tun als zu schlafen. Im Schlaf stöhnte er und führte Selbstgespräche. Ich kam ab und zu in sein Zimmer und beugte mich in dem matten Lichtstreifen von der Straßenlaterne über ihn. So groß er war, er wirkte, als sei er umgestürzt oder gefällt worden. Er schlief wie ein Kind, die Knie fast bis zur Brust hochgezogen. Manchmal wimmerte er leise. Manchmal steckte er den Daumen in den Mund. Wenn ich ihn so sah, kam er mir viel älter vor als seine sechzig Jahre, dem Ende näher und einsamer, als ich mir eingestehen wollte.

Dann kam er allmählich über den Berg. Er ließ sich gerne verhätscheln, deshalb führte er sich wie ein schlapper, quengelnder Invalide auf, solange ich ihn ließ. Wenn ich ihm ins Bett half und wieder hinaus, dann ächzte und wimmerte und stolperte er, als wären seine Gelenke verrostet. Ich mußte ihm einen Eisbeutel kaufen, den er wie eine Schottenmütze trug, und sein Blick bebte vor Selbstmitleid. Den ganzen Tag verkündete er seine Wünsche mit einer kleinen, klagenden Stimme – Käse und Cracker, bitte, ein bißchen Gouda auf Weizenknäcke aus der Steinmühle, das wäre prima, mit einem Spritzer Tabasco und roten Zwiebeln, wenn's dir nichts ausmacht. Palmherzen mit Philadelphia, *por favor*, und ob ich diesmal das Paprika weglassen und nur ein bißchen Zwiebelsalz drüberstreuen könnte? Tausend Dank! Ginger-ale, Sohnemann, auf Eis, und wenn's dir nicht zuviel Mühe macht, auf gestoßenem Eis?

Er ließ nicht locker und war schamlos. Einmal trieb er es zu weit, und ich sagte: »Himmel, Duke, kannst du mal eine Weile schweigend leiden?« Zum erstenmal im Leben hatte ich ihn bei diesem Namen genannt, und als ich mich hörte, krümmte ich mich innerlich. Aber er beklagte sich nicht. Wahrscheinlich sah er darin nur meine Bereitschaft, jegliche noch ausstehenden Kindesansprüche an ihn aufzugeben und eine Stelle als sein Kumpel einzunehmen. Ich nannte ihn nie wieder Duke. Ich wollte das Gefühl behalten, daß ich irgendwo noch einen Vater hatte, ganz gleich unter welchen eigentümlichen Bedingungen.

Nach dem zweiten Tag ging es ihm schon besser, und fast bedauerte ich das. Ich kümmerte mich gern um ihn. Ich wirbelte mit Putzmitteln durch die Wohnung und füllte seine Schränke mit Konservendosen auf, Gulasch, Haschee, Muschelsuppe und seine Lieblingsspeisen – schwedisches Knäckebrot, Palmherzen, Macadamia-Nüsse. Ich ließ bei seinem Cadillac die Stoßdämpfer auswechseln. Durch die Krankheit bekamen die kleinsten Handlungen einen Sinn und Wert und befreiten mich von dem öden Gefühl der Nutzlosigkeit. Wenn ich draußen war und etwas erledigte, ertappte ich mich dabei, wie ich den Salzgeruch und das harte Licht an der Küste genoß, wie die

Sonne die roten Ziegeldächer zum Glühen brachte und scharfkantige Schattenrisse warf, schwarz wie Teer. Nachmittags nahm ich einen Stuhl und ein Buch mit auf den Bürgersteig, schaute in den Sonnenuntergang und hielt meine nackte Brust in die Wärme. Halb lauschte ich auf die Stimme des Alten durch das offene Fenster hinter mir. Ich las *Portnoys Beschwerden*. Geoffrey hatte es mir vor einiger Zeit geschickt, und ich war nie über die ersten paar Seiten hinausgekommen, aber nun erwachte es für mich zum Leben. Beim Lesen des Romans war ich dem Zusammenbruch nahe, die Tränen liefen mir die Wangen herab. Seit Monaten das erste, was ich bis zum Ende durchhielt.

Mein Vater bemerkte meine Versunkenheit. Er wollte wissen, was so faszinierend war. Als ich das Buch durchhatte, gab ich es ihm, und am selben Abend sagte er, noch nie habe er etwas so Abstoßendes gelesen – dabei hatte er es nicht mal zu Ende gelesen! Na komm, sagte ich. Er mußte doch zugeben, daß es komisch war. Komisch! Wie konnte so ein Ding denn komisch sein? Schon das Ansinnen verblüffte ihn.

»Okay«, sagte ich. »Was findest du denn dann komisch?«

»Was für ein B-Buch, meinst du?«

»Buch. Film. Egal.«

Er beäugte mich mißtrauisch. Er lag ausgestreckt auf der Couch und aß einen Teller Rührei. »*Der Wind in den Weiden*«, sagte er dann. Das war doch mal ein Buch, das zeigte: witzig nicht gleich schmutzig. Zufällig hatte er gerade ein Exemplar da und würde bereitwillig den Beweis antreten.

Bereitwilligst; ich wußte, er war ganz wild darauf, es vorzulesen. Das hatte er schon mal getan, für Geoffrey und mich an einem Abend vor sieben Jahren in La Jolla.

Ich hatte eine schwache Erinnerung daran, angenehm und selten insofern, als wir alle drei darin vorkamen. Von dem Buch selbst wußte ich nichts mehr, außer einer süßlich-englischen Atmosphäre. Aber ich konnte nicht nein sagen.

Unter ekstatischem Lächeln legte er los, den Eisbeutel auf seinem Kopf. Ich langweilte mich zu Tode, bis der Kröterich von Krötinhall seinen Auftritt hatte und seine ruinöse Liebesaffäre mit dem Automobil begann. »Oh, ihr Staubwolken, die ich in kühner Fahrt hinter mir aufwirbeln werde!« rief er aus. »Oh, ihr Wohnwagen, die ich nach glanzvollem Angriff, achtlos in den Graben geschleudert, hinter mir lassen werde!« Der Kröterich hatte meine Aufmerksamkeit. Ich fand ihn komisch, aber er war mir auch merkwürdig, alarmierend vertraut.

Der Kröterich wird wegen Autodiebstahls verhaftet und aufgrund völligen Mangels an Reue zu zwanzig Jahren Kerker verurteilt. Er entflieht, als Waschfrau verkleidet, und bringt es fertig, sich genau das Auto, für das er ins Gefängnis gekommen ist, unter den Nagel zu reißen, nachdem der Besitzer dieser, wie er glaubt, alten Schachtel eine Mitfahrgelegenheit angeboten hat. Der Kröterich schiebt den Samariter beiseite und nimmt das Steuer in die Hand. »*Waschfrau!*« schreit er. »Ho ho ho, ich bin der Kröterich! Der Autodieb, der Ausbrecherkönig, der Kröterich, der immer einen Ausweg weiß! Haltet euch fest, denn gleich werdet ihr erleben, wie man richtig Auto fährt. Euer Wohl und Wehe liegt in den Händen des berühmten, kundigen, furchtlosen Kröterichs!«

Inzwischen wußte ich, wo das Déjà-vu-Erlebnis herkam. Mein Vater war der Kröterich. Er spielte ihn mir nicht vor, er *war* es, und nicht nur der tollkühne Kröterich, der schamlose und unverbesserliche Kröterich, sondern auch, wie die Geschichte zeigte, der gutherzige und gastfreundliche Kröterich, für den seine Freunde ihr Leben aufs Spiel setzen würden. Noch nie hatte ich meinen Vater so selbstvergessen erlebt, so ungeschützt, so vertrauensvoll.

Er las das ganze Buch. Es dauerte Stunden. Ich stand ab und zu auf, um mir ein Bier zu holen, ihm Ginger-ale nachzuschenken, mich auszustrecken, einen Teller Cracker und Käse fertig zu machen, aber leise, damit er nicht aus dem Tritt kam. Es wurde immer tiefere Nacht um uns. Bald fuhren keine Autos mehr vorbei. Wir fühlten uns ganz zu Hause, allein auf einer Insel im Lampenkegel. Ich wünschte mir, es bliebe immer so.

Aber der Kröterich hielt nicht durch. Die Jagdhunde der Wohlanständigkeit waren ihm auf den Fersen, und schließlich kriegten sie ihn. Er hatte keine andere Wahl, er mußte sich angemessen zerknirscht zeigen und versprechen, von nun an Ruhe zu halten, nicht über seine Mittel zu leben, gut zu sein.

Mein Vater schlug das Buch zu. Er legte es hin und schaute zu mir herüber, schüttelte den Kopf über diese durchsichtige Finte. Ihm konnte man nichts vormachen. Er wußte genau, was das Versprechen des Kröterichs wert war.

Eigentlich hatte ich nur kurz in Manhattan Beach vorbeischauen wollen, aber ein Tag folgte auf den anderen, und ich war immer noch da. An den Nachmittagen saß ich am Wasser und las. Abends ging ich in eine Bar in der Nachbarschaft, und wenn ich nach Hause kam, saß ich noch mit dem Alten zusammen, wir hörten Musik und quatschten. Wir redeten über alles, außer Vietnam und das Gefängnis.

Er erwähnte sein Leben dort nur ein einziges Mal, als ich ihn fragte, woher er die blutrote Narbe am Handgelenk habe. Er erzählte, den Schnitt habe er abgekriegt, als er sich einmal über das Fernsehprogramm stritt, das geguckt werden sollte. So dumm es auch klingen mochte, er habe keine andere Wahl gehabt, und es tue ihm auch nicht leid. Ich hörte ihn niemals einen Mitgefangenen erwähnen, er redete niemals vom »Bau«, nannte nicht einmal den Namen des Gefängnisses, Chino. Er erweckte den Eindruck, als hätte es ihn nicht berührt.

Ich trank zuviel. Eines Abends fragte er mich, ob ich der alten Birne nicht mal eine Verschnaufpause gönnen wolle, ich trapste von dannen und kam noch betrunkener zurück als sonst. Ich wollte, daß eines klar war: Er konnte von mir nichts erwarten, so wie ich nichts von ihm erwartete. Also erwähnte er es nicht mehr. Er schien das Arrangement zu akzeptieren, und ich fand es immerhin so geglückt, daß ich mir sogar vorstellen konnte, auf diese Weise weiterzumachen, wir beide zusammen, doch jeder in seiner eigenen Welt, nach seinen eigenen Bedingungen. Ich hatte fast sechstausend Dollar auf der Bank, ein Jahr gesparten Lohn plus Gefahrenzulage. Wenn ich mich im örtlichen Community College einschrieb, konnte ich sogar noch weitere dreihundert im Monat aus dem Soldatentopf kassieren. Die prüften nicht nach, ob man wirklich zu den Vorlesungen ging – man brauchte sich bloß einzutragen. Ich konnte mir in der Nähe eine eigene Wohnung mieten. Mit dem Schreiben anfangen. Bis meine Ersparnisse und Zuschüsse alle waren, wäre ein Roman fertig. Nur so ein Gedanke, aber er kam mir immer wieder. Ich erwähnte ihn dem Alten gegenüber. Schien ihm zu gefallen.

Es war keine gute Idee, geboren aus Faulheit, und garantiert hätte sie für uns beide kläglich geendet. Ich hätte studieren sollen, statt mich als Student zu verkleiden, denn ich hatte keine Ausbildung und nicht die Disziplin, mir selbst eine anzueignen. Genauso mit dem Roman. Am Ende hätte ich gar nichts geschrieben, das Geld wäre ausgegeben, und was dann? Mir schwante, wie töricht dieser Plan war, aber ich dachte beharrlich weiter darüber nach.

Ich war etwa eine Woche in der Stadt, als ich am Strand eine Frau kennenlernte. Sie las, ich auch, nichts war also natürlicher, als darüber ins Gespräch zu kommen. Sie hieß Jan und arbeitete als Logopädin an den Schulen der Gegend. Vier, fünf Jahre älter als ich, mindestens. Ihre Nase war sehr lang und dünn, und sie trug ihr blondes Haar männlich kurz. Eine ruhige Frau, mit der man gut reden konnte, aber als ich mit ihr ausgehen wollte, runzelte sie die Stirn und schaute weg. Sie nahm eine Handvoll Sand und ließ ihn durch die Finger rieseln. »Na gut«, kam dann.

Im nächstgelegenen Programmkino lief »Die Große Illusion«. Wir trafen uns früh dort und schlenderten die Straße runter und wieder zurück, bis die Türen aufgemacht wurden. Jan trug ein weißes Kleid, das beim Gehen raschelte und ihre Haut dunkel wie Schokolade aussehen ließ. Sie hatte so eine Kühle, eine heitere Gelassenheit, als wäre sie gerade eine weite Strecke geschwommen. Als wir hineingingen, fiel mir auf, daß der Reißverschluß ihres Kleides ein paar Zentimeter runtergerutscht war. Warte mal, sagte ich und zog ihn langsam wieder nach oben, dicht hinter ihr, meine Nase fast in ihrem Haar.

Ich hatte »Die Große Illusion« schon gesehen, viele Male. Mein Freund Laudie und ich hatten die Todesszene mit Pierre Fresnay und Erich von Stroheim auswendig gelernt und spielten sie früher oft zusammen vor, um die

Mädchen zu beeindrucken, mit denen wir gerade ausgingen. Aber an diesem Abend konnte ich nicht einmal der Handlung folgen, so stark war mir diese Frau neben mir bewußt, ihr Duft, die Berührung unserer Schultern, wie das Licht auf ihrem nackten Arm spielte. Schließlich dachte ich mir, jetzt oder nie, und nahm ihre Hand. Sie zog sie nicht weg. Etwas später verflocht sie ihre Finger mit meinen.

Als es wieder hell wurde, war ich verlegen und sie auch. Wir beschlossen, irgendwo noch einen trinken zu gehen. Ihr fiel kein Ort ein, und so nahm ich sie in die Bar mit, wo ich öfter gewesen war, eine Pseudo-Diskothek, wo ehemalige Soldaten hingingen, einige noch in Uniform. In der Sekunde, als ich Jan an diesem Ort sah, in ihrem weißen Kleid, mit ihrer kühlen, überdeutlichen Vernünftigkeit, wurde mir klar, was der Laden war – ein Loch. Aber sie behauptete, es gefiele ihr und sie wolle unbedingt bleiben.

Wir hatten uns gerade Drinks geholt, als eine Hand auf meine Schulter fiel.

»Hey, Käptn, willst wohl diese Traumfrau ganz für dich behalten? Kommt nicht in die scheiß Tüte, Mann.«

Dicky. Dicky und sein Komparse Sleepy.

Stühle scharrten. Feuerzeuge und Zigaretten und Gläser landeten auf dem Tisch, ein Krug Bier. Sie waren über uns hereingebrochen. Jan versuchte die ganze Zeit, Dicky nicht anzustarren, und schaffte es nicht. Dicky war glattrasiert, hatte aber einen großen gewellten Schnurrbart über seine Oberlippe tätowiert. Ich konnte nicht sagen, ob das ernst oder spaßig gemeint war, ob er tatsächlich dachte, er sähe aus wie jemand mit einem Schnurrbart, oder ob er über dieses Motiv improvisierte. Er behauptete, bei einem Aufklärungstrupp der Marines gewesen zu sein, nicht weit von der entmilitarisierten Zone, ja, er habe sogar an Operationen in Nordvietnam teilgenommen. Sleepys Geschichte kannte ich nicht.

Sie kamen jeden Abend her und machten die Runde. Als ich sie das letzte Mal gesehen hatte, versuchten sie gerade, Sleepys Auto aufzubrechen, weil er seine Schlüssel drinnen vergessen hatte. Dicky bog sich irgendeinen Draht zurecht, und als das nicht gleich klappte, wurde er wütend und drosch das Fenster in der Fahrertür ein. Vorher trat er noch ein paar Beulen in das Türblech und brach die Radioantenne ab. Sleepy hatte mit den anderen, die zum Zuschauen aus der Bar gekommen waren, einfach danebengestanden und kein Wort gesagt.

Dicky erwischte Jan dabei, wie sie ihn anstarrte. Er starrte zurück. »Also«, sagte er, »wie haben Sie diesen Bock hier kennengelernt? Hey, war bloß ein Witz, der Käptn ist definitiv Numero Uno.«

Ich sagte, wir seien zusammen im Kino gewesen.

»*Kino?* Ihr habt euch einen *Film* angeguckt? Was ist los, Brille dreckig geworden? Hey, Sleepy, hast du das gehört? Käptn sagt, er hat 'n Film gesehen, ich sage, was war los, Brille dreckig geworden?«

»Hab doch gelacht«, sagte Sleepy, »hast du mich nicht lachen gehört?«

»Nein, hab dich nicht lachen gehört. Red doch lauter, Arschloch! Was für 'n Film habt ihr denn gesehen, Käptn?« Aus irgendeinem Grund floß ihm der Schweiß nur so in Strömen aus den Haaren und an seinem Gesicht herab.

Ich gab Dicky eine Kurzbeschreibung von »Die Große Illusion«.

Das interessierte ihn. »Das war vielleicht eine üble Scheiße, Mann, der erste Wellkriech. Der ganze Schacheldraht und die dicken Mäntel und so, ein Leben wien Haufen Maulwürfe, kommste raus und guckst dich um, iiiiong, bumm, ham se dir deine scheiß Birne weggeballert. Nix da, Mann. Kommt nicht in die Tüte. Diese Scheiße hab ich nie kapiert, kein Stück. Ich meine, Millionen von Arschlöchern gehen übern Jordan, ja? Millionen! Als würdest du die komplette Stadt Los Angeles nehmen und den Typen klarmachen, Hey, *muchachos*, so sieht die Sache aus, ihr rennt jetzt da drüben in den Schacheldraht, damit die anderen Wichser euch durchlöchern können. Die Dicke Berta, Mann. Und Giftgas, was ist mit dem Senfzeug, denkst du etwa, das könntest du so wegstecken?«

Jan fixierte mich. »Warst du ein Captain?«

Ich hatte ihr erzählt, daß ich gerade aus Vietnam zurück war, aber sonst nichts. Ich schüttelte den Kopf.

»Aber ich will dir mal eins sagen«, sagte Dicky, »ohne Scheiß. Wenn die mich und meine Männer damals in den ersten Wellkriech geschickt hätten, ja, dann hätten wir die ganze Scheiße ruckzuck rumgerissen. Wenn Heinrich morgens aufwacht und hat Fritzis Pimmel in der Hand, vielleicht überlegen sie sich ja dann mal, ob sie nicht lieber zu Hause jodeln wollen und so, und die anderen Leute verdammt noch mal in Frieden lassen, drücke ich mich verständlich aus?«

Sleepy drückte sein Kinn auf die Brust. »Tust du, Mann.«

»Was warst du denn dann?« fragte Jan.

»First Lieutenant«, sagte ich.

»Alles eine Soße«, sagte Dicky. »Lieutenant, Captain, kein Unterschied – die lassen dich doch alle im Regen stehen, jeder einzelne von ihnen.«

»Das ist nicht wahr.«

»Von wegen nicht wahr. Offiziersärsche, Mann.«

»Ich hab nie jemand im Regen stehenlassen. Höchstens einmal einen anderen Offizier«, beharrte ich. »Einen Captain, wenn du's genau wissen willst.«

Dicky fuhr sich mit einer Serviette über sein nasses Gesicht und betrachtete sie, dann mich. Auch Jan sah mich an.

Als ich die Geschichte begann, merkte ich sofort, daß ich es hätte lassen sollen. Es war die Geschichte, wie Captain Kale den Chinook mitten zwischen den Hütten runterdirigieren wollte und ich ihn gewähren ließ. Ich fand den richtigen Ton nicht. Mein erster Instinkt ging in Richtung »düster und voll Bedauern«, um zu zeigen, wie viel mitfühlender ich war als der Mensch, der das getan hatte, wie weit ich mich in punkto Weisheit seither entwickelt hatte, aber es klang absolut unecht. Ich schaltete um auf eine klinisch kalte Darbietung mit Pokerface. Das erwies sich als noch weniger überzeugende Pose. Bei der ersten hatte der Erzähler immerhin noch zugegeben, daß es für ihn in dieser Geschichte um etwas ging. Doch der neutrale Ton war gelogen und überdies sterbenslangweilig.

Wie erzählt man so eine schreckliche Geschichte? Vielleicht sollte man sie gar nicht erzählen. Aber irgendwann kommt es dann doch dazu. Und sobald man den Mund aufmacht, kriegt man Probleme, Probleme mit der Erinnerung, Probleme mit dem Ton, moralische Probleme. Wie kannst du den Menschen verurteilen, der du einmal warst, jetzt, wo du seinen damaligen Umständen entkommen bist, seinen Ängsten und Sehnsüchten, jetzt, wo du kaum noch weißt, wer er war? Und kannst du wirklich vermeiden, ein Urteil über ihn zu fällen? Liegt nicht schon im Akt der Beichte ein obszönes Selbstlob für die moralische Stärke, die es braucht, den eigenen Fehler zu erkennen und wiedergutmachen zu wollen? Ist das nicht typisch amerikanischer Junge, der gern dafür bewundert werden will, daß er darunter leidet, die Häuser anderer Leute zerstört zu haben? Und unterm Strich: Wen juckt's, wer hört überhaupt zu? Was ist man dem Zuhörer schuldig, und welchem Zuhörer?

Wie es sich fügte, nahm mir Dicky das letzte Problem aus der Hand, indem er finster lachte, als ich gestand, daß ich Captain Kale meine Skibrille nicht angeboten hatte. Er grinste mich an, ich grinste ihn an. Jan schaute zwischen uns hin und her. In diesem Augenblick war ein Duo aus Dicky und mir geworden, und sie war draußen. Sie hatte kein Gefühl dafür, was kommen sollte, aber er, und wie. Und er hatte seine Art, mich zu ermutigen, mit einem Heiterkeitsausbruch bei jedem vielversprechenden Detail der Katastrophe, die vor seinen Augen langsam Gestalt annahm. Er hielt Schritt, war mir sogar knapp voraus, und natürlich paßte ich meinen Ton seinen besonderen Empfänglichkeiten an, die schroff und pervers und absolut vertraut waren, so daß ich ihm, selbst wenn er mir voraus war, zuvorkommen und immer dafür sorgen konnte, daß er zwischen Lachen und spannungsvoller Erwartung schwebte.

Also gab ich noch einmal dem Piloten grünes Licht, der große Schatten des Chinook fiel noch einmal über die nach oben gewandten Gesichter der Leute, die in meiner Erzählung zu komischen, schnatternden Strichmännchen wurden, nur darauf wartend, genauso umgepustet zu werden wie ihre Streichholzhäuschen. Während ich gerade den Helikopter über ihren Köpfen herunterholte, warf ich Jan einen Blick zu und sah, wie sie mich mit einem so zutiefst enttäuschten Gesichtsausdruck beobachtete, daß nicht einmal Vorwurf darin mitschwang. Das gefiel mir überhaupt nicht. Ich spürte die schlimmste Sorte Wut: die aus Scham entsteht. Doch statt mich etwas zurückzuhalten, trug ich nur noch dicker auf, um auch den letzten Lacher aus der ganzen Sache herauszumelken, so zynisch ich nur konnte. Schließlich war Dicky auch drüben gewesen, wie ich; gab es irgendeine Hoffnung, daß ich mit *ihr* jemals mehr gemeinsam haben würde als das?

Als ich geendet hatte, schlug Dicky seine Stirn auf den Tisch, um sein höchlichstes Vergnügen auszudrücken. Sleepy lehnte sich mit verblüfftem Gesichtsausdruck zurück und musterte mich von Kopf bis Fuß. »Hey«, sagte er. »Tolles Hemd hast du an. Hatte auch mal so eins, genau gleich.«

Am nächsten Morgen rief ich Vera aus einem Pancake House an, die Hosentaschen berstend voll mit Münzen. Zum erstenmal seit über einem Jahr hörte ich ihre Stimme, und ihr Klang ließ alles Dazwischenliegende dunstig und unwirklich erscheinen. Wir fingen an zu reden, als hätten wir gestern abend unser Gespräch unterbrochen, zogen uns auf, machten Andeutungen, brachten einander zum Lachen. Wir sprachen wie ein Liebespaar. Ich merkte, wie ich zitterte, es machte mich wahnsinnig, daß ich sie nicht sehen konnte.

Als ich einhängte, wurde die panische Einsamkeit, mit der ich am Morgen aufgewacht war, nur noch schlimmer. Für mich ergab es überhaupt keinen Sinn, daß ich hier war und Vera dort. Wie die anderen – meine Mutter, meine Freunde, auch Geoffrey und Priscilla. Die beiden hatten jetzt ein Baby, meinen Neffen Nicholas, der während meiner Zeit in Vietnam zur Welt gekommen war. Ich hatte ihn noch gar nicht gesehen.

Ich beschloß, am nächsten Tag nach Hause zu fliegen.

Am letzten Abend ging ich mit dem Alten essen. Zur Abwechslung fuhren wir runter nach Redondo Beach, in ein schickes französisches Restaurant mit Krawattenzwang, wie sich herausstellte. Keiner von uns hatte eine dabei, deshalb gaben sie uns ein Paar identischer Ansteckschlipse, meterbreite Carnaby-Street-Foulards mit riesigen roten Punkten drauf. Wir sahen aus wie Clowns. Mein Vater hatte sein Äußeres im Leben noch nicht mit einer solchen Kostümierung beleidigt, und er brauchte eine Weile, um sich dem Zwang zu unterwerfen, aber er fügte sich. Wir verbrachten einen schönen Abend miteinander, ruhig, ohne viel zu trinken. Beim Kaffee sagte ich ihm, daß ich abreise.

Er spielte mit, sagte, er habe sich so was schon gedacht, es würde langsam Zeit, daß ich mich bei meiner Mutter meldete. Dann fragte er, wann ich zurückkäme.

»Weiß ich noch nicht so genau«, sagte ich.

»Wenn du daran denkst, hier aufs College zu gehen, dann solltest du dir ruhig Zeit lassen, dich umsehen, eine Bude finden.«

»Dad, weißt du was, ich habe da noch mal drüber nachgedacht.«

Er wartete. Dann: »Du gehst also nicht hier aufs College.«

»Nein. Tut mir leid.«

Er wischte die Entschuldigung beiseite. »Bestimmt b-besser so, Kumpel. Genau meine Meinung. Hast ganz recht, daß du höher hinauswillst.« Er sah mich unendlich freundlich an. Er hatte schöne Augen, der Alte, und sie waren schön geblieben, während rundherum das ganze Gesicht zerrüttet war. Er streckte die Hand aus und drückte mich am Arm. »Du kommst doch zurück.«

»Garantiert. Das verspreche ich.«

»Kommen doch alle zurück in Dr. Wolffs berühmten Erholungsurlaub.«

»Ich dachte, vielleicht nächsten Sommer. Sobald ich eine Sache richtig auf die Reihe gekriegt habe.«

»Na klar«, sagte er. »Sohnespflicht. Ab und zu nach dem alten Papi schauen, ob er sich auch anständig die Nase geputzt hat.« Er versuchte zu lächeln und brachte es nicht fertig; seine Muskeln verweigerten ihm den Dienst, und um ein Haar hätte ich meine Meinung noch geändert. Ich meinte es ernst, als ich sagte, ich käme zurück, aber es klang wie eine freche Lüge, so als kennten wir beide schon die Wahrheit: daß ich nämlich nicht zurückkommen würde, daß er alleine leben und alleine sterben würde, wie es zwei Jahre später auch geschah, und daß meine Abreise genau das bedeutete. Doch nach dem ersten Anflug eines Zweifels war ich mir ganz sicher. Und selbst dieses erste Zögern kam mir bald vor wie ein rührseliger Schwindel.

Er starrte mein Handgelenk an. »Laß mal diese Uhr sehen.«

Ich gab sie ihm, eine Seiko für 20 Dollar, die gut lief und so aussah, als wäre sie jeden Cent davon wert. Mein Vater nahm seinen Heuer-Chronometer ab und schob ihn über den Tisch. Ein wunderschönes Ding. Ich hielt mich keine Sekunde zurück. Ich nahm die Uhr, wog sie in der Hand und legte sie an.

»Wie für dich gemacht«, sagte er. »Jetzt ziehen wir endlich diese verd-dammten Schlipse aus.«

Geoffrey bemerkte den Chronometer an meinem zweiten oder dritten Abend in Washington. Wir saßen in seinem Wohnzimmer, tranken und spielten Karten. Er bewunderte die Uhr und fragte, wieviel sie mich gekostet habe. Wäre ich bei Trost gewesen, hätte ich ihn angelogen, aber nein. Ich sagte, der Alte habe sie mir geschenkt. »Der Alte hat sie dir geschenkt?« Sein Blick umwölkte sich, und ich dachte, au Backe. Genau wußte ich nicht, was Geoffrey dachte, aber mir waren die ganzen Schecks eingefallen, die er immer nach Manhattan Beach geschickt hatte. »Hat er bestimmt nicht bezahlt«, sagte ich. Geoffrey sagte eine Weile gar nichts. Dann kam: »Wahrscheinlich nicht«, und er nahm seine Karten auf.

Veras Familie hatte Grundbesitz in Maryland. Nachdem ich in Washington meine Heimkehrer-Runde gemacht hatte, fuhr ich mit ihr dorthin, um bei der Ernte zu helfen und herauszufinden, ob wir uns nicht berappeln und einen Weg finden konnten, zusammenzuleben. Es ging nicht. Früher hatte sie sich darauf verlassen, daß ich meine Launen kontrollierte, damit sie den ihren freien Lauf lassen konnte und immer noch eine Rückfahrkarte hatte. Jetzt war ich ebenso reizbar und unbeherrscht wie Vera, manchmal schlimmer. Sie fing an, ihren Basset bei Tisch mitessen zu lassen, auf einem eigenen Stuhl, einem eigenen Platz, denn, so sagte sie, irgend jemand Anständiges als Gesellschaft brauche sie schon.

Zusammen verbreiteten wir eine dermaßen üble Atmosphäre, daß ihre Mutter, der entgegenkommendste Mensch der Welt, nach Washington zurückfuhr, nur um von uns weg zu sein. Und so saßen wir allein in dem Gebäude, einem alten Herrenhaus auf einer Plantage. Veras Familie hatte nicht genug Geld, um es instand zu halten, die Luft war muffig und hing voller Bedauern, voller Wehmut nach besseren Tagen. Porträts von Veras Ahnen, den Pflanzern, prangten an jeder Wand. Ich hatte das Gefühl, sie beobachteten mich mit Abscheu und Verachtung, als wäre ich ein schuftiger Hochstapler, ein Tanzlehrer mit fettigen Haaren und parfümierten Fingern.

Solange die Sonne hoch stand, arbeiteten wir draußen. Am Nachmittag ging ich nach oben in den Dienstbotenflügel, der jetzt leer stand. Dort hatte ich mir ein Arbeitszimmer eingerichtet. Ich schrieb an einem neuen Roman. Ich wußte, daß er nicht besonders gut war, aber ich wußte auch, daß ich zu diesem Zeitpunkt nichts Besseres hervorbringen konnte und dranbleiben mußte, wenn ich besser werden wollte. Mir war klar, daß diese Worte nie ein Mensch lesen würde, aber während ihr Niveau immer tiefer, außer Reichweite sackte, gaben sie doch meiner Hoffnung, eines Tages gut zu schreiben, neue Nahrung.

Nicht daß mir das, was ich verfaßte, nicht gefallen hätte, jedenfalls während ich eine Seite nach der anderen vollschrieb. Erst am Ende des Tages, wenn ich wieder las, was ich geschafft hatte, und es mit einem grünen Stift durcharbeitete, wurde mit klar, wie weit ich von dem entfernt war, was ich sein wollte. Beim Akt des Schreibens selbst gefiel mir, was ich machte. Da war das Vergnügen, daß mir Worte zuflogen, und das Vergnügen, sie zu ordnen und umzuordnen, eines gegen das andere abzuwägen. Und das Vergnügen, mir eine Geschichte auszudenken und das Gefühl zu entwickeln, sie könnte vielleicht von Belang sein. Am meisten freute mich die Entdeckung, daß ich überhaupt schreiben konnte. Beim Schreiben arbeitet man auf ein Ergebnis hin, das man erst nach Jahren sieht, und selbst das ist nicht sicher. Es bedarf der Ausdauer, der Selbstdisziplin und des Glaubens. All dies verlangt das Schreiben von einem, und dann gibt es alles zurück, mit einem kleinen Bonus, einer Überraschung, damit man dabeibleibt. Es macht einen stärker und schafft Klarheit im Kopf. Ich konnte es spüren. Mit jedem Wort schrieb ich um mein Leben, und ich wußte, ich schaffte es.

Im Dienstbotentrakt war ich ein Mann der Vernunft. Im restlichen Haus irgend etwas anderes. Zwei Monate lang strapazierten Vera und ich die Nerven des anderen bis zum Zerreißen, versuchten, unsere Liebe zurückzuholen, und wußten doch, sie würde nicht kommen. Das war so traurig, daß wir es eines Tages nicht mehr aushielten, und ich brach nach Washington auf. Als ich sie von dort anrief, um mich ein letztes Mal zu verabschieden, bat sie mich, einen Moment zu warten, dann war sie wieder dran und sagte, sie hätte eine Pistole in der Hand und würde sich erschießen, wenn ich nicht noch in dieser Nacht zu ihr zurückkäme.

»Vera, bitte, das hast du schon mal gebracht.«

»Wann?«

»Bevor wir uns verlobt haben.«

»Das war mit dir? Ich dachte, mit Leland.« Sie fing an zu lachen. Dann hielt sie inne. »Das heißt nicht, daß ich's nicht tue. Toby? Ich meine es ernst.«

»Peng!« sagte ich und legte auf.

Eine Woche später machte ich mit Freunden eine Reise nach England. Als sie wieder zurückfuhren, blieb ich, zuerst in London, dann in Oxford, las, zog durch Kneipen, wanderte über Land. Es war erholsam; all das Grün, die zum Fetisch gemachten Umgangsformen, das niedliche, ausgesuchte Klassenbewußtsein, das ich beobachten konnte, ohne daran zu verzweifeln, weil ich als Yankee nicht hineingehörte. Mein Geld reichte doppelt so lange, und kein Mensch redete von Vietnam. Jeden Nachmittag ging ich auf mein Zimmer und schrieb. Es gab wenig an diesem Leben, worüber ich mich hätte beklagen können, außer daß es so nicht weitergehen konnte. Ich wußte, ich mußte etwas unternehmen, mich irgendwie in die Welt vor meinem Fenster einkaufen.

Ein paar Leute, die ich kennenlernte, ermutigten mich, es bei den Aufnahmeprüfungen für Oxford Anfang Dezember zu versuchen. Mir blieben viereinhalb Monate, um mich in Latein, Französisch, englischer Geschichte und Literatur vorzubereiten. Ich wußte, allein würde ich das nicht schaffen, also suchte ich mir Tutoren in jedem Prüfungsgebiet. Nachdem sie mir klargemacht hatten, wie unkonventionell dieses Projekt war, wie chancenlos, freundeten sie sich allmählich mit dem Gedanken an. Sie machten sich daran wie an ein großes, sportlich zu bestehendes Spiel, entwickelten Strategien wie die Trainer eines Außenseiters, suchten Abkürzungen, spekulierten über die Prüfer und rackerten mich in Grund und Boden. Nach den ersten paar Wochen verlangte meine Lateintutorin, Miss Knight, daß ich mich in ihrem Haus einmietete, damit sie mich noch strenger an die Kandare nehmen konnte. Miss Knight trug Männerkleidung und betrieb von ihrer Küche aus ein Tierhospital. Wenn sie im Garten arbeitete, kamen Vögel angeflogen und setzten sich auf ihre Schulter. Sie zog Griechisch dem Englischen bei weitem vor und Latein dem Griechischen und sagte Dinge wie: »Ich kann's kaum erwarten, Sie auf Vergil loszulassen!« Sie kochte für mich, damit ich keine Zeit verlor, und drillte mich beim Essen mit Vokabeln und Grammatik. Sie stand in engem Kontakt zu meinen anderen Tutoren und las meine Aufsätze in ihren Fächern Korrektur, strich wütend in den pompösen Ausdrücken herum, hinter denen ich mein Unwissen und meine Unsicherheit zu verbergen suchte. In diesen Monaten fütterte sie ihr Leben direkt in meines, und ihr war es zu verdanken, daß ich die Prüfung bestand und an dieser Universität aufgenommen wurde, um einen akademischen Grad in englischer Sprache und Literatur zu erwerben.

Oxford: Vier Jahre lang war dies meine Schule und mein Zuhause. Ich schloß lebenslange Freundschaften dort, reiste, verliebte mich, studierte fleißig. Aber ich erzähle selten davon, denn die Worte »Als ich in Oxford war ...« klingen selbst in meinen Ohren verdächtig, wie die Ouvertüre zu einer der Münchhausiaden meines Vaters. Selbst damals konnte ich nie so ganz daran glauben, daß ich wirklich dort war. Tag um Tag, wenn ich durch die engen Gassen und überwucherten Innenhöfe lief und nach oben schaute, um zu sehen, wie ein Fitzel Wolken hinter einem Kirchturm verschwand, mußte ich ungläubig innehalten. Ich konnte mich nicht daran gewöhnen, aber das war in Ordnung. Nach jedem Anfall von Unwirklichkeit wurde mir mein Glück um so heftiger bewußt; mir wurde wieder klar, wo ich war – ein Grund, dankbar zu sein. Die beruhigende Wirkung dieser Praxis tat mir gut. Ich hatte ein Stück Vietnam mit zurückgebracht: eine Art Malaria, die keine Malaria war, Magengeschwüre, Kolitis, Schlaflosigkeit und hartnäckige Alpträume, falls ich mal schlief. Wenn ich nach einer schlechten Nacht zerschlagen zu mir kam, wirkte es wahre Wunder, einfach nur aus dem Fenster zu schauen.

Es war das beste, was die Welt für mich bereithielt, und doch machte mich der Reichtum dieses Geschenks am Ende rastlos. Das Wohlbehagen wandte sich gegen sich selbst. Immer mehr packte mich das Gefühl, ich wiche einer notwendigen Schwierigkeit aus, lernte immer mehr an Geschick und Gewandtheit dazu, aber nicht in anderer Hinsicht. Als geriete ich erneut ins Trudeln.

Eines Abends saß ich in der Bodleianischen Bibliothek und übersetzte eine Passage aus dem Westsächsischen Evangelium für meinen Altenglischkurs. Die Stelle stammte aus der Bergpredigt. Es war schwer, jede Zeile verwies mich an die Grammatik oder das Glossar, bis zu den letzten sechs Versen, die sich mir auf einen Schlag offenbarten, in meinem Kopf mit denselben Worten erblühten, die ich als Kind gehört hatte, herabgerufen von Evangelistenkanzeln oder den Bühnen von Erweckungsveranstaltungen. Sie erzählten die Geschichte des weisen Mannes, der sein Haus auf einem Felsen baute, und dem Narren, der sein Haus auf Sand baute. »Da nun ein Platzregen fiel und kam ein Gewässer und wehten die Winde und stießen an das Haus, da fiel es und tat einen großen Fall.«

Ich wußte gar nicht mehr, daß ich diese Worte jemals gehört hatte. Als sie an jenem Abend ganz von allein zu mir sprachen, war ich überrascht, und mich überkam ein Gefühl der Fremdheit vor mir selbst und meiner gesamten Umgebung. Ich schaute vom Tisch auf. Von meinem Platz aus konnte ich die Lichter von Hertford, meinem College, sehen, wo Jonathan Swift und Evelyn Waugh einst studiert hatten. Ich war in einem Land fern dem meinen und noch weiter entfernt von der Art Leben, die mir früher vorherbestimmt schien. Wenn mich jemand gefragt hätte, wie ich hierhin gekommen war, ich wäre die Antwort schuldig geblieben. Die Winde, die mich hierher getragen hatten, hätten mich sonstwohin blasen können, auch aus dieser Welt hinaus. Es war unerklärlich. Doch ich *war* hier, in diesem Augenblick, und alle anderen Augenblicke meines Lebens hatten sich verschworen, mich bis zu ihm zu bringen, und jetzt erreichten mich die Worte, als würde mir eine Vorladung zugestellt. Ich schrieb meine Übersetzung in Standardenglisch auf und dachte, ja, ich täte gut daran, mein Haus auf einem Felsen zu bauen, was immer das bedeutete.

Letzter Anlauf

George Orwell hat einen Essay mit dem Titel »Wie die Armen sterben« geschrieben, über seine Zeit in der Armenstation eines Pariser Hospitals während seiner mageren Jahre. Vor nicht allzu langer Zeit habe ich ihn zufällig gelesen, weil einer meiner Söhne einen Aufsatz über Orwell schrieb, und ich wollte mit ihm darüber sprechen können. Dieser Essay war mir neu; ich mochte ihn, weil er voller Galgenhumor und kühler Beobachtung steckte. Ich fraß Orwell aus der Hand, bis ich zu folgender Zeile kam: »Es ist wunderbar, wenn du in deinem Bett stirbst, aber noch viel besser ist es, wenn du in deinen Stiefeln stirbst.«

Das war eine kalte Dusche. Metaphorisch oder nicht, er meinte es ernst, und die Worte waren sowieso nicht von ihrem martialischen Ton und der Rhetorik zu trennen, die einen frühen Tod sozusagen als gutes Geschäft pries. Mich trafen sie wie eine Beleidigung. Ich war so wütend, daß ich aufstehen und mich draußen bei einem Spaziergang abreagieren mußte. Später schaute ich nach, von wann der Essay stammte, und fand heraus, daß Orwell ihn vor Spanien und dem Zweiten Weltkrieg geschrieben hatte, also bevor er Gelegenheit bekam, mit anzusehen, was es eigentlich heißt, wenn du in deinen Stiefeln stirbst. (In Wahrheit ist es nämlich so, daß viele von denen, die »in ihren Stiefeln sterben«, buchstäblich aus ihnen heraus in die Luft fliegen.)

Ich kannte nicht wenige, die in Vietnam getötet wurden. Die meisten von ihnen standen mir nicht sehr nahe, und später habe ich nicht sehr oft an sie gedacht. Mit meinem Freund Hugh Pierce war es anders. Wir standen uns sehr nahe, und das wäre auch so geblieben, genau wie mit meinen anderen guten Freunden aus diesen Jahren. Er wäre einer von ihnen gewesen, noch ein Pate für meine Kinder, noch ein großherziger Mann, den sie bewundert, dem sie bis spät in die Nacht gelauscht hätten. Ein alter Freund, jemand, dem ich nichts vormachen konnte, der mich an den besten Träumen meiner Jugend maß, so wie ich ihn.

Statt mich an den Hugh zu erinnern, den ich kannte, denke ich allzu oft an das, was er nicht mehr werden konnte. Er wird all die Dinge, die wir anderen erfahren haben, niemals erfahren. Er wird niemals wissen, wie es ist, wenn man ein Leben mit einem anderen Menschen aufbaut. Wenn sich ein Kind zu einem kuschelt, während man am Sonntagmorgen daliegt und liest. Wenn man sich jahrelang an etwas abmüht und dann darauf zurückblickt. Wenn man beobachtet, wie seine Eltern langsam schwächer werden, und darauf wartet, daß sie dahingehen. Wenn man den Glauben verliert. Und trotzdem betet. Wenn man durchhält. Wir sind dazu da, um durchzuhalten, den Weg bis zum Ende zu gehen. Nur so finden wir heraus, wer wir sind.

Ich weiß, es ist falsch, an Hugh zu denken wie an etwas Abwesendes, einen verhinderten Schatten. Es geht mir eher um mein Bewußtsein von seiner Abwesenheit, vielleicht auch um noch etwas anderes, um eine sogar vor mir selbst verborgene Art Scham darüber, daß ich ohne ihn weitergelebt habe. Wenn ich in dieser Weise an Hugh denke, benutze ich ihn. Das tue ich natürlich auch, indem ich ihn zur Figur eines Buches mache. Drum will ich lieber so an ihn denken, wie er war.

Er liebte die Fallschirmspringerei. Er hatte die »My-Girl«-Nummer erfunden, das Singen und Tanzen auf dem Weg zur Luke des Flugzeugs. Ich stelle mich immer hinter ihn, lege meine Hand auf seinen Rücken, so wie wir es in der Ausbildung gelernt haben. Wenn ich ehrlich bin, mag ich die Absprünge nicht besonders, aber ich fühle mich besser dabei, wenn ich mit Hugh verbunden bin. Vor uns verschwinden Männer durch die Luke, das Motorengeräusch wird lauter. Hugh singt im Falsett und bringt eine tolpatschige Einlage mit den Händen. Kurz bevor er die Luke erreicht, dreht er sich um und sagt etwas zu mir. Bei dem Wind kann ich ihn nicht verstehen. Was? sage ich. Er schreit: *Macht das nicht irrsinnig Spaß?* Er lacht über meinen Gesichtsausdruck, dann dreht er sich um, stellt sich in die Luke und springt, und weg ist er.

Dieses Buch wurde gedruckt auf Recyclingpapier.
Es besteht aus 100 % bedrucktem Altpapier.

Das Vorsatzpapier besteht aus 75 % Recyclingpapier,
der Überzug wurde auf 100 % Recyclingpapier gedruckt.
Der Karton des Einbandes ist aus 100 % Altpapier.

Das Kapitalband und das Leseband sind
aus 100 % ungefärbter und ungebleichter Baumwolle.